AF558130

Lieblings-
plätze
LÜNEBURGER
HEIDE

Lieblingsplätze

Lüneburger Heide

GMEINER

Kirsten Ranf

Autor und Verlag haben alle Informationen geprüft. Gleichwohl wissen wir, dass sich Gegebenheiten im Verlauf der Zeit ändern, daher erfolgen alle Angaben ohne Gewähr. Sollten Sie Feedback haben, bitte schreiben Sie uns! Über Ihre Rückmeldung zum Buch freuen sich Autor und Verlag: lieblingsplaetze@gmeiner-verlag.de

Alle Fotos stammen von der Autorin Kirsten Ranf.

Für Mama und Papa

QR-Code einscannen und kostenloses E-Book anfordern.

Besuchen Sie uns im Internet:
www.gmeiner-verlag.de

1., überarbeitete Neuauflage 2022

Im Ehnried 5, 88605 Meßkirch
Telefon 07575/2095-0
info@gmeiner-verlag.de

Lektorat/Redaktion: Anja Kästle
Herstellung: Julia Franze
Bildbearbeitung/Umschlaggestaltung: Susanne Lutz
unter Verwendung der Illustrationen von © SimpleLine – stock.adobe.com; © SylwiaNowik – stock.adobe.com; © bokasana – stock.adobe.com; © Open-Clipart-Vectors -.pixabay.com; © SimpleLine -.stock.adobe.com; © alekseyvanin – stock.adobe.com; © Katrin Lahmer; © Benjamin Arnold; © Susanne Lutz
Kartendesign: Susanne Lutz; © The World of Maps (123vectormaps.com)
Druck: AZ Druck und Datentechnik GmbH, Kempten
Printed in Germany
ISBN 978-3-8392-0159-6

LÜNEBURG

LÜNEBURGER HEIDE

WENDLAND

ALTES LAND

LÜNEBURG

1

Im **Rathaus** befindet sich die **Touristinformation Lüneburg Marketing GmbH**
Am Markt
21335 Lüneburg
0800 2205005
www.lueneburg.info

WO EIN SCHWEINEKNOCHEN HÄNGT

Rathaus

Das Lüneburger Rathaus ist das Zentrum der Stadt, geografisch und historisch, darum kann hier eine Stadterkundung gut beginnen. Treffpunkt ist immer gern am Brunnen; jeden Mittwoch und Samstag ist Wochenmarkt. Das Rathaus ist alt und ehrwürdig, ein weitläufiger Gebäudekomplex, seine ältesten Teile enstanden um 1230. Bestimmt ist es das einzige Rathaus, in dem ein Schweineschulterknochen in einer barocken Laterne aufbewahrt wird. Nicht ohne Grund: Der Sage nach war es die Entdeckung der *Salzsau* vor mehr als tausend Jahren, die den Mittelalterreichtum der Stadt begründete – Jäger sahen eine Wildsau mit in der Sonne weiß schimmernden Borsten, voller Salzkristalle von der Solequelle unter der Stadt, die fortan die Geschicke der Stadt über Jahrhunderte bestimmen sollte.

Ein Tier, dem man so viel zu verdanken hat, kann schon mal im Rathaus seine Knochen ablegen. Sehenswert ist im Rathaus noch vieles andere, eine Führung durch die Räume, die heute noch Verwaltungssitz der Stadt sind, lohnt sich. Die Farbpracht der kunstvoll bemalten Fenster sieht man zum Beispiel nur von innen; von außen wirken sie dunkel. In der Gerichtslaube hängen schwere Schandflaschen, die Bürgern um den Hals gehängt wurden, um Buße zu tun. Wie im Mittelalter geheizt wurde, damit es den Ratsherren nicht zu kühl wurde unter den Röcken, ist auch zu sehen: aus Öffnungen im Boden kam heißer Dampf.

Heinrich Heine, dessen Eltern in den 1820er-Jahren hier lebten, überzeugte die Stadt nicht. An seine Schwester Charlotte schrieb er 1823, es sei die Residenz der Langeweile. Er befand sogar: »Bildung ist hier gar keine; ich glaube auf dem Rathhause steht ein Culturableiter. Aber die Menschen sind nicht schlimm.« Nach fast 200 Jahren will man das verzeihen. Der Kulturableiter scheint gewendet und sogar mit einem Magneten versehen. Und die Menschen ... sind toll.

Wichtig für einen Stadtspaziergang: bequeme Schuhe. Überall liegt Kopfsteinpflaster, und um auf den Boden zu achten, gibt es oben zu viel zu sehen.

2
Rathausgarten
Am Markt
21335 Lüneburg
0800 2205005
www.lueneburg.info

Ein Blütentraum in Rosa

Magnolien im Rathausgarten

Zugegeben, es ist ein wenig übertrieben, eine Reise nach Lüneburg zu einer bestimmten Woche im Jahr zu empfehlen und dann auch noch für den Blick auf ein paar Bäume. Es ist aber genauso absurd, dass es an den Tagen der Magnolienblüte Stadtbesucher gibt, die nichts davon wissen und darum vielleicht Schuhe kaufen gehen.

Eine Woche lang jedes Jahr, ungefähr im April, blühen die Magnolienbäume im Rathausgarten. Die Magnolie ist eine kapriziöse Pflanze, die Schutz braucht und viel Pflege – sie ist eine Diva, wie ein Opernstar, schön, aber schwierig. Eins hat die Magnolie den meisten Menschen voraus: Dieser Wunderbaum wird mit den Jahren immer schöner. Das alles sollten Sie wissen, bevor Sie den Garten betreten, damit Sie rechtschaffen staunen, wenn Sie vor den drei großen Bäumen stehen. Ziemlich genau 100 Jahre sind sie alt und in dieser einen Woche prallvoll mit faustgroßen tulpenförmigen rosa-weißen Blüten, die vor den Backsteinbauten leuchten. Erwischen Sie noch einen blauen Tag, ist die Farbharmonie geradezu berauschend.

Zur vollen Stunde erklingen im Garten aus dem Hintergrund 41 Rathausglocken aus Meißner Porzellan, um 18 Uhr hört man *Der Mond ist aufgegangen.* Warum zu dieser Uhrzeit und in dieser Woche der Garten nicht proppevoll ist mit Menschenmassen? Es ist ein Rätsel, denn Schöneres findet sich schwerlich.

In einem alten Gedicht von Arno Holz (1863–1929) über die Tulpenmagnolie heißt es: »Wenn in deine Seele die Sonne scheint, besuch mich mal.« Tun Sie es. Oder holen Sie sich ein bisschen Seelenglanz ab. Sollten Sie die Woche der Magnolienblüte verpassen, ein Besuch lohnt sich auch zu jeder anderen Jahreszeit, im August blühen die Magnolien noch mal, wenn auch nicht ganz so üppig. Im Sommer bezaubern im Garten aber auch Rosen, und die Glocken klingen immer. Und danach kann man dann auch Schuhe kaufen gehen.

Gleich gegenüber liegt das sogenannte *schwangere Haus.* Zu stark gebrannter Gips dehnt eine Wand auf Neun-Monats-Maße. Beliebtes Fotomotiv.

3

Atelier Swantje Crone
Koltmannstraße 11
21335 Lüneburg
04131 2212144
www.swantje-crone.de

MODERNE KUNST IN HISTORISCHER KULISSE

Atelier Swantje Crone

Die Koltmannstraße liegt im Lüneburger Wasserviertel, mitten in der Fußgängerzone, und doch ist es hier bedeutend ruhiger als in den trubeligen Gassen nebenan. Roter Backstein links und rechts, der Blick geht auf die St. Nicolaikirche am Ende der Straße.

Menschen im Viertel heißt eine Idee, so einfach wie charmant: An den Häusern sind große Schwarz-Weiß-Bilder montiert, Fotos aus Familienalben, von Menschen, die einst in dieser Straße, hinter diesen Türen gewirkt haben. Das Foto an der Nummer 11 zeigt den jüdischen Bankier Marcus Heinemann und seine Tochter Emilie. Er engagierte sich für die Synagoge im Haus, in der sich Lüneburger Juden zwischen 1876 und 1894 zum Gottesdienst trafen.

Im sogenannten Homannschen Festsaal hat jetzt Swantje Crone ihr Atelier bezogen. Eine schmale Stiege führt in das eindrucksvolle Zimmer mit der hohen Stuckdecke und den großen Fenstern. Elemente, die an die lange Tradition der Räume erinnern, hat die Malerin so weit wie möglich erhalten, und trotzdem ist es ein sehr persönliches Arbeitsumfeld. So funktioniert Lüneburg im besten Fall: Knallbunte Gemälde von Swantje Crone hängen an einer alten Holzbalustrade, von der blaue Farbe blättert; hier beteten vor 110 Jahren jüdische Frauen. Gestern und Heute haben nebeneinander Platz.

Swantje Crone ist in der Stadt bekannt als »die mit den bunten Lüneburgbildern«, auch, wenn sie inzwischen anderes malt. Die Giebelhäuser waren lange ihr Lieblingsmotiv, wenn auch nicht im ehrwürdigen Dunkelrot gemalt, sondern in allen Regenbogenfarben und wilden Formen. Nach Voranmeldung kann man sie in ihrem Atelier besuchen oder Malkurse belegen. Berührungsängste sind überflüssig. Swantje Crone ist eine hübsche Norddeutsche mit freundlichem Wesen. Wenn sie in dieser wunderbaren Kulisse vor einer Leinwand steht und den Pinsel in die Farben tunkt … ja, das ist einfach malerisch.

Lassen Sie sich bei lecker Bissen malen: Swantje Crone kann man buchen – als Muse, als Malerin, die sich und Ihnen bei einer Veranstaltung ein Bild macht.

4

Stintmarkt
Am Stintmarkt
21335 Lüneburg

KNEIPENKULTUR AM WASSER

Stintmarkt

Wenn mal wieder umgefragt wird, welche Stadt in Deutschland oder gar Europa die höchste Kneipendichte habe, ist Lüneburg mit dem Stint immer auf den vorderen Rängen mit dabei, und das nicht ohne Stolz. Die getrunkenen Alkoholika auf lauter verschiedene Orte verteilen zu können, das ist schon was. Aber nein, schütteln die Lüneburger Stint-Fans da den Kopf, der Stint, das ist nicht nur irgendeine Meile mit Kneipen dicht an dicht; der Stint, das hat was zu tun mit Sommerstimmung, mit Draußensitzen am Wasser, mit dem unerwarteten Treffen alter Freunde, die auch zufällig im Laden nebenan verabredet waren.

Und es ist eine Straße mit Tradition und Geschichte: Im Mittelalter wurde hier im Wasserviertel mit Fisch gehandelt, so bekam der Platz am Hafen seinen Namen. Der alte Kran am Ufer gegenüber ist eine Lüneburger Sehenswürdigkeit und heimliches Wahrzeichen, mit ihm wurden früher die Schiffe entladen. Ein Nachbau eines Transportschiffes, ein sogenannter Salz-Ewer, liegt in der Ilmenau. Mit Superlativen kann die Straße auch dienen: Die älteste Kneipe ist das *Pons,* 1468 wurde hier das erste Mal ein Gastwirt mit Krugrecht erwähnt. Im *September* in der Parallelstraße wurde die historische Deckenbemalung schon vor Hunderten Jahren von Bierdunst eingenebelt. Im traditionsreichen *Schallander* ist die Speisekarte ausgefeilter als noch vor zwei Jahrzehnten. Knoblauchbrot zum Bier war da schon eine kulinarische Extravaganz. Und sie haben ja recht, die Stint-Freunde: An lauen Juli-Abenden, wenn die Stufen zur Ilmenau hinunter voll sind mit jungen Leuten, wenn Biere über die Tische gereicht werden und Menschen sich freudig in die Arme fallen, weil Sommer ist, dann summt und brummt hier das Leben, so tiefenentspannt, so untypisch für den Norden, da flüstert Lüneburg schon mal: »Sag leise Rom zu mir …«

Die Brausebrücke mit Blick auf den Stint ist gut besucht: wegen des namensgebenden Wehres unter ihr und der vielen gravierten Liebesschlösser am Geländer.

5

Anna's Café
Salzstraße Am Wasser 6
21335 Lüneburg
04131 8843181
www.annas-cafe.de

Dreiteiler
Untere Schrangenstraße 2
21335 Lüneburg
04131 9995056

Kaffee und Kuchen wie bei Oma

Anna's Café

Eine Anna gibt es gar nicht. Dafür eine Daniela. Sie war zur richtigen Zeit am richtigen Ort, nämlich als die Anna eine Nachfolgerin suchte, wegen ausbleibenden Erfolges – was sich die neue Betreiberin nicht erklären kann. Alles sprach für dieses Café: die perfekte Lage im Wasserviertel, umgeben von historischen Bauten in einer Gastrogegend, in der es brummt – Daniela Exner hat zugeschlagen. Inzwischen ist sie einmal umgezogen, die Straße hinunter, die Wohnzimmeratmosphäre ist geblieben.

Gürtel-Engerschnaller müssen nicht draußen bleiben, aber darauf gefasst sein, dass Genießer hier den Ton angeben, das macht ein Blick auf die mächtigen, hausgemachten Tortenstücke klar. Es passiert oft, dass Kuchenfreunde schon vor der hohen Kaloriendosis in den Samtsofas versinken und die Beine hinterherziehen – wenn »Schuhe aus und Füße hoch« ein Synonym für ein wohliges Zuhausegefühl ist, dann würden viele Gäste gern hier wohnen. Willkommen sind Auszeitsucher und Kalorienvergesser. Hier gibt es Essen für die Seele, und die füttern offenbar viele gern: An den Tischen sitzen Studentenrunden, Familien, Paare. Modern ist hier nur die Küche, aus der Fair-Trade-Produkte kommen. Die Einrichtung ist angenehm plüschig, von den Decken kandelabert es üppig, Bilder oft regionaler Künstler zieren die Wände. Serviert wird auf einem Porzellansammelsurium, kein Teller ist wie der andere, Gleiches gilt fürs Mobiliar; alles passt nur auf die Weise zusammen, dass es gemütlich und geschmackvoll ist. Inzwischen sorgen sogar die Kunden für das verfeinerte Ambiente: Oft werden Daniela Exner alte Möbelstücke und Porzellan angeboten. Mit Kuchenrezepten von der Schwiegermutter, Sofas von den Kunden und einer klaren eigenen Vorstellung des idealen Cafés hat Daniela hier ihr kleines Genussensemble geschaffen. Auch, wenn es nicht so heißt wie sie.

Das *Dreiteiler* in der Shoppingmeile vereint Boutique, Café und Lieblingsstücke auf zwei Etagen, durch die ein farbenfroher Hauch von Skandinavien weht.

6

Spaziergang durch die Altstadt
beginnend in der Straße
»Auf der Altstadt«
21335 Lüneburg

Stadtführungen vermittelt die Tourist-Information
Rathaus/Am Markt
21335 Lüneburg
0800 2205005
www.lueneburg.info

LÄDEN UND ATELIERS MIT GESCHICHTE

Kunstbummel durch die westliche Altstadt

In der Grapengießerstraße ist es quirlig und trubelig, aber sobald man die anschließende Straße *Auf der Altstadt* betritt, reduzieren sich Lärmpegel und Ladendichte. Hier wohnen die Lüneburger in zum Teil jahrhundertealten Häusern, auch viele Künstler haben hier ihre Ateliers. Darunter der Maler Jan Balyon, der mit seinen Bildern das Kunstleben der Stadt prägt. Gleich nebenan arbeitet Ulrike Klerner an feinstem Schmuck – dabei ist sie durch das Schaufenster zu sehen. Wer hineingeht, sollte einen Blick nach oben werfen: In den uralten Deckenbemalungen lässt sich – mit ein bisschen Fantasie – ein kleiner Engel mit Kopfhörern entdecken.

Gegenüber hat Joachim Fahrenkrug seinen Antiquitätenladen, auch er ist eine Lüneburger Institution. Kunst, Kurioses und Dinge mit toller Geschichte sind bei ihm zu finden. Links lohnt ein Abstecher in die Obere Ohlingerstraße. Fast verwitterte Schriftzüge an der Wand erinnern daran, dass hier einmal »Colonial & Fettwaren« verkauft wurden; an beinahe jedem Haus ranken im Sommer Rosen in allen Farben. Rechts schließt sich die Neue Straße an. Dort findet sich das kleinste Straßenschild der Stadt, nur faustgroß. Es soll der Müllabfuhr die Einfahrt erleichtern. Hier lebt der Künstler Benjamin Albrecht, der die Stadt aus Legosteinen nachbaut, zu sehen im Museum Lüneburg.

Im Hintergrund begleitet der ehrwürdig-wuchtige Turm der St. Michaeliskirche den Spaziergang, auf ihn führt die Straße zu. Viele kleine Preziosen lassen sich beim Schlendern entdecken. Reich verzierte Türen und geschnitzte Engel in den Fenstern, ein Friseur bei der Arbeit, Künstler ins Handwerk vertieft oder einfach nur Anwohner, die den Abwasch erledigen.

Den Johann-Sebastian-Bach-Platz vor der Kirche umweht ein Hauch von Paris. Aber wer braucht schon Paris, wenn es in Lüneburg genauso schön ist?

Die Altstadt lässt sich äußerst unterhaltsam und lehrreich mit dem Stadtführer Francois Infray entdecken. Er schlüpft dafür in ein rotes Narrenkostüm. Wo lachende Touristengruppen zu hören sind, ist er nicht weit.

7

Deutsches Salzmuseum – Industriedenkmal Saline Lüneburg
Sülfmeisterstraße 1
21335 Lüneburg
04131 7206513
www.salzmuseum.de

WEISSES GOLD AUS DEM NORDEN

Deutsches Salzmuseum

»Salz nicht nach, das ist ungesund.« Welch würzfreudiger Esser hätte diesen Satz nicht irgendwann gehört? Und wer hat nicht schon mal empfohlen bekommen, eine Schubkarre voll Geld für Fleur de Sel oder gesundheitsförderndes Himalayasalz auszugeben? Ist das alles richtig und wichtig? Oder Unsinn? Antworten auf diese und noch mehr Fragen rund ums Salz bekommt man im Lüneburger Salzmuseum. Ein riesiger Salzklops steht im ersten Ausstellungsraum. Dieser Sechs-Tonnen-Haufen entspricht der Weltjahresproduktion an Salz in einer Sekunde! Da staunt der liebe Schwan! Geht man weiter durch das Museum, wird schnell klar, dass Salz nicht nur wichtig ist für's Frühstücksei. Schon gar nicht in Lüneburg, einer Stadt, die ihren historischen Reichtum dem weißen Gold zu verdanken hat. Hier ist nacherlebbar, wie strapaziös der Salzabbau war – Dioramen zeigen den Aufbau der Stadt im Mittelalter: Im Zentrum standen 54 Siedehütten mit je vier Bleipfannen, an denen fast 300 Arbeiter in Zwölf-Stunden-Schichten die Sole erhitzten, bis das feste Salz übrig blieb. Das Salz wurde in die Welt verschifft. Nicht, um die Suppe schmackhafter zu machen, sondern um Lebensmittel zu konservieren. Als Rückfracht wurde oft Holz geladen, mit dem die Siedefeuer rund um die Uhr angefeuert wurden. Auch die ehemals dichten Wälder in der Gegend mussten dafür weichen, was mit zur Entstehung der heutigen Heideflächen beigetragen hat. Noch bis 1980 wurde in dieser Saline Salz gewonnen, dann wurde der Betrieb unrentabel. Als Industriedenkmal bewahrt es nun die spannende Geschichte der Stadt. Übrigens als vielleicht einziges deutsches Museum, das Wand an Wand mit einem Supermarkt existiert. Gleich nebenan können Sie also Salz kaufen, für nur ein paar Cent. Kaum zu glauben, wie kostbar es mal war, das weiße Gold aus Lüneburg.

Zum Museum gehört eine wunderbare 50er-Jahre-Dauerausstellung. Es ist wie ein Besuch bei Oma, inklusive aller Gerüche und der Brille auf dem Küchentisch.

8

Schiffstour auf der Ilmenau
Startpunkt: Am Stintmarkt
21335 Lüneburg

Förderkreis Industriedenkmal Deutsches Salzmuseum
Sülfmeisterstraße 1
21335 Lüneburg
04131 7206513
www.salzmuseum.de

MITTELALTERTOUR AUF DEM EWER

Schifffahrt auf der Ilmenau

Am Stint, vor den vielen Kneipen, liegt ein Holzboot in der Ilmenau. Es gehört zum Stadtbild wie das Rathaus und die alten Kirchen. Selbst viele Lüneburger halten es für ein Museumsschiff, das an die alte Tradition des Salzhandels erinnern soll. Der Stinthafen war im Mittelalter der Umschlagplatz für den Salzhandel. Bis zu 20 Tonnen wurden auf die Ewer geladen, um sie über die Ilmenau aus der Stadt, hinaus in die Welt zu transportieren.

Aber man kann das Boot nicht nur angucken, sondern auch an Bord gehen. Es ist ein moderner Nachbau eines historischen Handelsschiffes und statt Salz lädt die Mannschaft heute Gäste an Bord. Die Mannschaft, das sind umtriebige, geschichtsinteressierte Lüneburger. In einem Verein haben sie sich dieses Teils der Lüneburger Geschichte angenommen.

In altertümlichen Kostümen lassen sie das Mittelalter an Deck aufleben. Circa zehn Besucher können auf Anfrage eine Tour buchen, gegen eine Spende. Eine Runde dreht man im Hafen, vorbei an den alten Lagerhäusern und dem Kran, mit dem vor Jahrhunderten der Ewer entladen wurde; dann geht es auf dem alten Handelsweg, der Ilmenau, hinaus aus der Stadt bis nach Bardowick.

Flussabwärts bis zur Elbe fuhr man früher mit der Strömung. Stromaufwärts wurden die Schiffe getreidelt, das heißt von Hand gezogen. Wie das vor 400 Jahren funktionierte, können jetzige Besucher an Bord nachempfinden und es selbst ausprobieren – nur ein paar Meter natürlich. Das sanfte Gleiten durchs Wasser ist ein Naturerlebnis, mit etwas Glück begleitet ein Eisvogel das Schiff, immer aber Enten. Die Mannschaft vermittelt unterwegs humorvoll und kenntnisreich, wie das kostbare Lüneburger Salz die Stadt prägte, so – mit allen Sinnen erlebt und erfahren – bleibt Geschichte im Kopf haften.

Parallel zum Wasserweg führt der alte Treidelpfad – ein malerischer Radweg bis nach Bardowick.

9

St. Johanniskirche
Bei der St. Johannis-
kirche 2
21335 Lüneburg
04131 44542
www.st-johanniskirche.de

DER SCHIEFE TURM VON LÜNEBURG

St. Johanniskirche

Die St. Johanniskirche ist die älteste Kirche in Lüneburg (erbaut 1289–1470), aber das ist oft erst die zweite Information, die Besucher über den prächtigen Backsteinbau erhalten. Die erste sehen sie selbst schon von Weitem: Der 108 Meter hohe Turm ist schief. Fast so schief wie der Turm von Pisa. Und das liegt ausnahmsweise mal nicht an den Verwerfungen durch das abgetragene Salz im Boden der Stadt.

»Beten scheef hett Gott leev«, sagt man im Norden gern augenzwinkernd, wenn etwas leicht danebengegangen ist, aber damit kam der Baumeister der St. Johanniskirche nicht davon. 2,20 Meter aus dem Lot, das ließ sich nicht schönreden. Fand auch der Baumeister selbst, schämte sich, stieg die Treppen zum Turm hinauf und stürzte sich in die Tiefe. Die Legende sagt, genau in diesem Moment fuhr ein Heuwagen vorbei, in dem der Baumeister weich landete und überlebte. So viel Glück! Das musste gefeiert werden. Wenn Sie eine Geschichte mit Happy End mögen, hören Sie hier auf zu lesen. Sie geht aber noch weiter: Der gerettete Baumeister wollte das Ereignis feiern, ging in eine Kneipe, trank, trank mehr, fiel vom Hocker und brach sich das Genick. Diese Mär gibt es in einigen Varianten; mal will er sich erhängen, mal stolpert er auf Stufen, aber am Ende ist der arme Mann immer tot.

Geradezu herzergreifend ist eine Tradition aus dem Dreißigjährigen Krieg (1618–1648), die in St. Johannis aufrechterhalten wird. Damals gelobte ein Sülfmeister, sollte die Stadt von Brandschatzung verschont bleiben, werde zum Dank täglich ein Choral vom Turm erschallen. Und so steigt nun jeden Morgen ein Kirchturmbläser die 200 Stufen der engen Wendeltreppe in den Turm hinauf und bläst pünktlich um 9 Uhr aus den geöffneten Fenstern über die Dächer. Minuten der Besinnung, rührendes Ritual, schöner Schall, der vielen Lüneburgern ein lieb gewonnener Tagesbeginn geworden ist.

Ganz weltlich und wunderbar: In der Eisdiele gegenüber der Kirche ist das Eis aus dunkler Schokolade ein Geheimtipp, der sogar eingeeiste Vanillefans abtrünnig werden lässt.

10

Wasserturm Lüneburg
Am Wasserturm 1
21335 Lüneburg
04131 7895919
www.wasserturm.net

AUSSEN HUI, INNEN AUCH – OBEN TOP!

Wasserturm

Von außen ist er schön, von oben bietet er einen fantastischen Blick über die Stadt der roten Dächer. Und dann hat er auch noch innere Werte. Der Wasserturm ist ein Multitalent, ein toller Typ. Wie gut, dass man ihn gerettet hat. Mitte der 80er-Jahre war er gar nicht so beliebt. »Eine bombastische Scheußlichkeit« wurde er gar in einem Leserbrief genannt! Zum Glück waren die Abrisskosten ähnlich hoch wie die Instandhaltungskosten und der Bau konnte bleiben.

In seinen ersten Jahren hatte der schöne Turm eine wichtige Funktion für die Stadt. 1906 wurde er auf den Resten der mittelalterlichen Wallanlage erbaut und 1907 zur Trinkwasserversorgung der Stadt in Betrieb genommen. Hinter der 56 Meter hohen neogotischen Fassade verbarg sich modernste Technik, die aber mit der Entwicklung der Stadt nicht mithalten konnte – die Bevölkerung wuchs genauso wie der Wasserverbrauch, und schon 1913 waren die Kapazitäten des Turms erschöpft: Die 500.000 Liter fassenden Wasserbehälter waren bereits im Laufe eines Vormittags geleert.

1985 wurde er stillgelegt und kurz darauf unter Denkmalschutz gestellt. 13 Jahre später gründete sich ein Trägerverein, der seither für frischen Wind und hohe Wellen sorgt. Mit dem Fahrstuhl fährt man in den sechsten Stock, dann sind es noch ein paar Stufen bis zum vielleicht schönsten Blick über Lüneburg. Den lassen sich auch Heiratswillige nicht entgehen: Der Turm hat sich zum beliebten Trauungsort gemausert. Davon zeugt eine Wand mit Plaketten der Hochzeitsdaten. Einige Embleme fehlen bereits, unbekannt ist, ob das an schlechter Klebe oder misslungener Ehe liegt.

So ein besonderer Ort schreit nach besonderen Veranstaltungen: Der Zauber von Vollmondnächten wird hier groß gefeiert. Zusätzlich zu einem erleuchteten Blick über die Stadt gibt es zum Beispiel hawaiianische Musik, italienische Märchen und regelmäßige Jazzkonzerte.

Neben einer Dauerausstellung über das »blaue Gold« hängt im sechsten Stock eine amüsante Kurzgeschichte von Heinrich Spoerl über den Missbrauch eines Wasserturms.

Blick vom Wasserturm

EDEKA WIST

11

Kirche St. Nicolai

Eine **»Rote-Rosen«-Stadtführung** ist buchbar bei der **Lüneburg Marketing GmbH**
Am Markt
21335 Lüneburg
0800 2205005
www.lueneburg.info

TELENOVELA MIT HEIMLICHER HAUPTROLLE

Rote-Rosen-Stadtführung

Wenn Sie die Telenovela *Rote Rosen* noch nicht gesehen haben, müssen Sie dies darüber wissen: Darin geht es um die Frau in den besten Jahren (das ist in Fernsehdeutsch erfreulicherweise die Frau Mitte 40), die noch mal richtig durchstarten und ihr Leben mit Tempo und tollen Sachen aufpeppen will, denn man kann ja bekanntlich dem Leben nicht mehr Tage geben, aber den Tagen mehr Leben. Aufregend wird ihr neuer Alltag vor allem durch Liebe, die natürlich ihre Tücken hat, und durch Karrierepläne, die durchkreuzt werden.

Die weibliche und männliche Hauptrolle wird jährlich neu besetzt. Aber es gibt eine dritte Hauptrolle, die nie ausgewechselt wird. Und das ist Lüneburg. Gedreht wird in Studios vor den Toren der Stadt, aber auch mittendrin, in den schönen alten Gassen. Sehen Sie dort rot-weißes Flatterband, ist ein *Rote-Rosen*-Drehteam im Einsatz, die Gästeführer bringen Sie dorthin. Lüneburg macht sich gut als dritte Hauptrolle. Die Stadt tut, was eine echte Diva eben tun muss: Sie hält sich dezent im Hintergrund und überzeugt durch Würde und stille Schönheit. Sie ist der bei Weitem älteste Star im deutschen Fernsehen, was aber ausnahmsweise keinen stört.

Seit die Puppenhauskulisse im Fernsehen zu sehen ist, hat sich einiges getan: Bei Stadtführungen hört man jetzt nicht mehr nur: »Hier schrieb einst Heine …«, sondern auch: »Guck mal, den hatte ich mir größer vorgestellt …« Den Besuchern bringt es Freude, den Einwohnern Geld – und Lüneburg ist stolz; in der Telenovela hat die Stadt einen sympathischen Part, der ihre Wandlungsfähigkeit widerspiegelt: Sie zeigt ihre traditionellen Werte, versucht nicht, jünger zu sein, als sie ist, aber wenn jemand mit frischen Ideen kommt, macht sie gern mit. Und da hat Lüneburg dann plötzlich wieder viel gemeinsam mit der weiblichen Hauptrolle, der Frau in den besten Jahren …

Jedes Jahr pilgern Tausende Fans zum *Rote-Rosen*-Fantag nach Lüneburg. Die Studios können besucht werden und die Hauptdarsteller geben Autogramme. Rote Rosen gibt es auch.

12

Schröders Garten
Vor dem Roten Tore 72b
21335 Lüneburg
www.schroedersgarten.de

Mälzer Brau- und Tafelhaus
Heiligengeiststraße 43
21335 Lüneburg
04131 47777
www.maelzerbrauhaus.de

BIERGARTEN MIT FLUSSANSCHLUSS

Schröders Garten

Schöne Biergärten muss man im Norden suchen. Nur in Lüneburg nicht, hier gibt es Schröders Garten. Wer am Stint schon alle Kneipen kennt oder das Gefühl haben möchte, unter mehr Einheimischen als Touristen zu sitzen, ist hier richtig.

Der Garten liegt am Altstadtrand, direkt an der Ilmenau, die Lüneburg durchfließt. In den Gläsern spiegelt sich bei Sonnenuntergang der Fluss. Erste Dates sind hier sehr beliebt, da kann man vor dem Bier noch ein Tretboot oder Kanu mieten und auf dem Wasser rumalbern. Motorboote sind nicht unterwegs, der Stadtlärm bleibt so schnell zurück. Tief zwischen den grünen Ufern fließt die Ilmenau gemächlich dahin, in kleinen Buchten sitzen Ausflügler mit Picknick, Libellen sirren über die Wasseroberfläche.

Im Biergarten sehen sich dann alle Freizeitkapitäne wieder. Das Publikum ist gemischt; hier trifft sich alles, was in Lüneburg zu Hause ist: Familien, Sportgruppen nach dem Training, Studenten vor der Party, man hält Kaffeekränzchen und feiert Junggesellenabschiede. Für Kinder gibt es einen großen Spielplatz, für die Eltern manchmal Filmvorführungen und Konzerte. Die Küche ist studentisch; Sterne gibt es nur am Nachthimmel. Auch die Selbstbedienung verhindert Wartezeiten manchmal nicht. Es ist eher die Atmosphäre als die Kochkunst, die die Tische jeden Abend trotzdem voll besetzt sein lässt. Auch bei typisch norddeutschem Sommerwetter lohnt sich ein Besuch – Nieselregen wird von großen Planen abgehalten. Viele Besucher schätzen das selbst gebraute Bier. Die Schröder-Betreiber sind auch die Chefs im Brauhaus *Mälzer* in der Altstadt. Wem es später am Abend zu kalt wird im Biergarten, kann hinüberspazieren, das urige Restaurant liegt nur einen Verdauungsspaziergang von circa zehn Minuten entfernt. Dort geht es weiter, das Motto der Macher: das Leben, ein ewiger Sonntag.

Wer nicht bummeln will: Samstags gibt es im *Mälzer's* ein gutes Frühstücksbüfett. Sonn- und feiertags lockt ein üppiger Braumeister-Brunch.

13

Kalkberg
Beim Kalkberg
21335 Lüneburg
0800 2205005
www.luneburg.info

Johann-Sebastian-Bach-Platz
21335 Lüneburg
04131 2873310
www.sankt-michaelis.de

ÜBER DEN DÄCHERN DER STADT

Kalkberg

Kalkberg ist geprahlt. Eigentlich ist es nur ein Hügel und genau genommen ist er aus Gips. Heute misst der Berg noch 56 Meter, viel höher war er im Mittelalter. Die Bergmeter sind über die Jahrhunderte abgetragen und in Lüneburger Häusern verbaut worden. Bestes Beispiel in der Stadt ist das sogenannte *schwangere Haus*. Verantwortlich für die Ausbuchtung der Wand ist das Material: die Steine sind mit Gipsmörtel verfugt. Zu stark gebrannter Gips nimmt Feuchtigkeit auf und dehnt sich aus.

Die Geschichte des Kalkbergs ist lang und tief verbunden mit der Stadt. Von 951 bis 1371 war der Felsen Herrschaftssitz der Billunger. Auf der ehemals hohen ebenen Fläche stand eine Burg, die die Bürger 1371 stürmten. Bis Anfang des letzten Jahrhunderts wurde der Berg als Steinbruch genutzt und ließ Meter; 1932 wurde er unter Schutz gestellt und ist heute ein ökologischer Schatz, der viele seltene, vom Aussterben bedrohte Pflanzen beherbergt – so den Scharfen Mauerpfeffer, das Nickende Leimkraut oder, wie hübsch, das Gemeine Rapünzchen.

Bescheidene Holztafeln weisen an verschiedenen Aufstiegsstellen den Weg nach oben, nur ein paar Laufminuten von der Altstadt entfernt, ein gemütlicher Spaziergang führt zum Gipfel. Irgendjemanden trifft man hier immer an – ein Pärchen auf der Suche nach ersten gemeinsamen Erinnerungen, Fotografen, Jongleure, Bierfreunde. Oben erinnert eine Kanone an die Zeit des Gipsabbaus: Sträflinge mussten im 19. Jahrhundert den Stein brechen, büxte einer aus, wurde ein Kanonenschuss abgefeuert. Dort sitzend genießt man einfach nur die grüne Oase mitten in der Stadt und das Panorama mit einem Blick auf alle Kirchen, über rote Dächer. Kalkbergkenner kommen nachts – bei Mondschein, so heißt es, ist hier der schönste Ort in Lüneburg.

Manchmal weht Chorgesang von der St. Michaeliskirche zum Kalkberg herüber. Sie ist von hier oben immer in Sicht und nur ein paar Meter entfernt. Ein Besuch lohnt!

14

Kloster Lüne
Am Domänenhof
21337 Lüneburg
04131 52318
www.kloster-luene.de

Klosterremise
Am Domänenhof 0a
21337 Lüneburg
0160 5557018
www.klosterremise-jacobus.de

WO GLOCKENLÄUTEN HANDARBEIT IST

Kloster Lüne

Jens Möller lebt allein unter Frauen. Und das als Mädchen für alles: Er arbeitet als Hausmeister im Kloster Lüne, in dem sieben evangelische Stiftsdamen in christlicher Gemeinschaft leben.

In dem ehemaligen Benediktinnerinnenkloster gibt es viel zu tun. Morgens bespricht er mit der Äbtissin, der Klosterleiterin, die Tagesaufgaben. Die Kräuter- und Rosengärten müssen gepflegt werden, kleinere Reparaturen in den Wohnungen der Konventualinnen erledigt er auch. Dreimal am Tag eilt er zur vollen Stunde in die Kirche, hier werden die Glocken noch von Hand geläutet, auch das ist Hausmeisterarbeit.

Ganz nebenbei hat er auch viel über die Geschichte des Klosters gelernt. Die Schönheit seines Arbeitsumfeldes nimmt er immer noch wahr. Wenn er durch die Kreuzgänge eilt und den Brunnen hört, der seit 600 Jahren Wasser sprudelt und leise vor sich hin gurgelt. Wenn er die gläubigen Damen zu ihren Gottesdiensten begleitet oder Fernsehteams bei der Suche nach den schönsten Anblicken und Ausblicken auf dem Gelände behilflich ist. Nicht ohne Grund nutzen sie das Kloster gern als Kulisse für romantische Geschichten.

Jens Möller kennt jede Ecke und jeden jahrhundertealten Stein auf dem Gelände. Den Wetterstein zum Beispiel, der immer feucht wird, wenn sich Regen ankündigt, keiner weiß, warum. Die knarzenden Dielen auf dem dunklen Gang, in dem früher die Nonnen gewohnt haben. Da öffnet er auch mal eine ehemalige Aussteuertruhe, auf deren Boden das Bild eines Windhundes prangt – sah man ihn, war die Aussteuer aufgebraucht, man war »auf den Hunde gekommen«. Im Vorbeigehen schnappt der Hausmeister solche Anekdoten bei Führungen durchs Kloster auf. Gläubig habe der Beruf ihn nicht gemacht, aber ein wenig demütig, sagt er, klüger auf jeden Fall. Und übrigens, wenn Sie es bimmeln hören, dann hängt er wieder am Seil – Jens Möller, der Glöckner vom Kloster Lüne.

Sehenswert ist das Café auf dem Gelände im Renaissancestil. In der Klosterremise gibt es Zwiebelkuchen und einen köstlichen Windbeutel namens *Himmelswolke*.

LÜNEBURGER HEIDE

15

Bardowicker Kirchengemeinde
Beim Dom 9
21357 Bardowick
04131 121143
www.kirche-bardowick.de

Meyer's Windmühle
Mühlenstraße 36/38
21357 Bardowick
04131 12206
www.meyers-windmuehle.de

MÄCHTIG UND PRÄCHTIG

Dom

Für Bardowick muss man sich Zeit nehmen. Das Dorf vor den Toren Lüneburgs hat man mit zweimal Augenblinzeln durchfahren; es lohnt sich aber, auf die Bremse zu treten. Denn die Bardowicker sind ein Völkchen mit großer Geschichte. An den Straßen scheint es, dass sich hier alles um Obst- und Gemüseverkauf dreht, jedes zweite Haus beherbergt einen Hofladen. Richtet man den Blick aber nach oben, sieht man den Dom, der überall im Hintergrund lauert. Mächtig und prächtig steht er auf seinem Rund, der Dom zu Bardowick St. Peter und Paul. Da möchte man gleich die Hände falten. Das ändert sich auch nicht, wenn man die gotische Hallenkirche betritt. Der Umgang der Bardowicker mit ihrer Kirche ist würdig, aber entspannt. Sie wird als Veranstaltungsort genutzt, die Orgelkonzerte sind bei Musikfreunden beliebt und es kommt vor, dass man auf eine Ausstellung trifft, wenn man die Kirche besichtigt: Moderne Bilder regionaler Künstler hängen dann vor dem bronzenen Taufbecken aus dem 14. Jahrhundert. Warum nicht?

Bardowick ist eine der ältesten Städte Norddeutschlands, im frühen Mittelalter war die Stadt ein wichtiger Handelsplatz, der von Lüneburg profitierte, hier wurde das Salz über die Ilmenau verschifft, umgeschlagen und verzollt. Als Heinrich der Löwe (1129/31–1195) begann, Lübeck wirtschaftlich zu begünstigen, geriet Bardowick ins Hintertreffen – was man im doppelten Sinne verstehen mag: Als Heinrich durch Bardowick zog, setzten die Bürger sich auf die Stadtmauern und zeigten ihm ihre entblößten Hinterteile – genannt die »Bardowicker Gesäßhuldigung«. So will es die Legende.

Zur Kirchengemeinde gehört auch der St. Nikolaihof, ein mittelalterliches Häuserensemble aus kleinen Fachwerkbauten. Einst ein Ort für Leprakranke, ist es heute eine frisch sanierte Wohnanlage mit einer beeindruckenden Bibliothek; in der Kapelle finden Gottesdienste statt.

In der alten, schön restaurierten Windmühle im Ort wird noch selbst gemahlen. Aus dem Mehl macht die Müllerin köstliche Torten, ein Naturkostladen gehört auch dazu.

16

Ein **Dorfspaziergang** führt vorbei an **Dresslers Hus**
Im Sande 1
21272 Egestorf
04175 1516 (Tourist-information)
www.egestorf.de

Die Krämerei
Hauptstraße 4
21376 Salzhausen
04172 9887270
www.harryandsally.de

ANKOMMEN UND WOHLFÜHLEN IM HEIDEDORF

Dorfspaziergang

Sagte mal ein Tourist auf dem Kirchplatz in Egestorf: »Das sieht hier ja aus, als sei das ganze Dorf für kitschverwöhnte Amerikaner erfunden worden.« Das ist nur wenig übertrieben – an einem blauen Sommertag ist dieses Dorf wirklich ein Vorzeige-Heideort: reetgedeckte Fachwerkbauernhäuser, bunt verzierte Haustüren, backsteinrote Straßen und im Ortskern eine alte Kirche, umwachsen von alten Linden. Die St.-Stephanus-Kirche stammt aus dem Jahr 1645, noch älter ist der hölzerne Glockenturm. Hier lässt sich ein Spaziergang durch Egestorf hervorragend beginnen, gut gestärkt: Rund um die Kirchen finden sich zwei Cafés, ein Imbiss und zwei Restaurants. Traditionsbewusste steuern gleich ins *Dresslers Hus,* ein kleines, feines Museum, liebevoll gepflegt von engagierten Egestorfern; hier hat die Dorfgeschichte ein Zuhause; auf vielen alten Fotos kann man sehen, wie der Ort in Schwarz-Weiß-Zeiten aussah. Auch der philosophische Steingarten ist einem Dorfbewohner zu verdanken. Unweit der Kirche ist er auf dem ehemaligen Friedhof angelegt worden, von Karl Rosemann. Er war Landwirt und entdeckte spät im Leben seine kreative Ader. Aus Heidefindlingen schuf er steinerne Skulpturen, die Sprichwörter oder Redensarten darstellen.

Zurück an der Kirche kann man dem Dorftreiben von einer der Bänke aus zusehen. Normalerweise ist der Platz autofrei, nur an Sommersonntagen wird hier geparkt; dann finden drinnen und draußen vielbeachtete Konzerte statt. *Musik in alten Heidekirchen* heißt die Reihe. Im Wechsel mit der St. Magdalenenkirche in Undeloh und inzwischen gelegentlich privaten Gärten sind dann die Kirchen- und Terrassenbänke immer gerappelt voll.

Am Ortsausgang Richtung Sudermühlen rechts liegt auf einer Anhöhe die Birkenbank mit Aussicht auf eine kleine, aber sehr formvollendete Heidelandschaft. Ein Blick, so wie das Gemälde über Omas Sofa, nur ohne den röhrenden Hirschen.

Im nahen Salzhausen shoppt es sich schön in der *Krämerei.* Skandinavische Wohnaccessoires, Shabby Chic, Hübsches, das man nicht braucht, aber haben möchte.

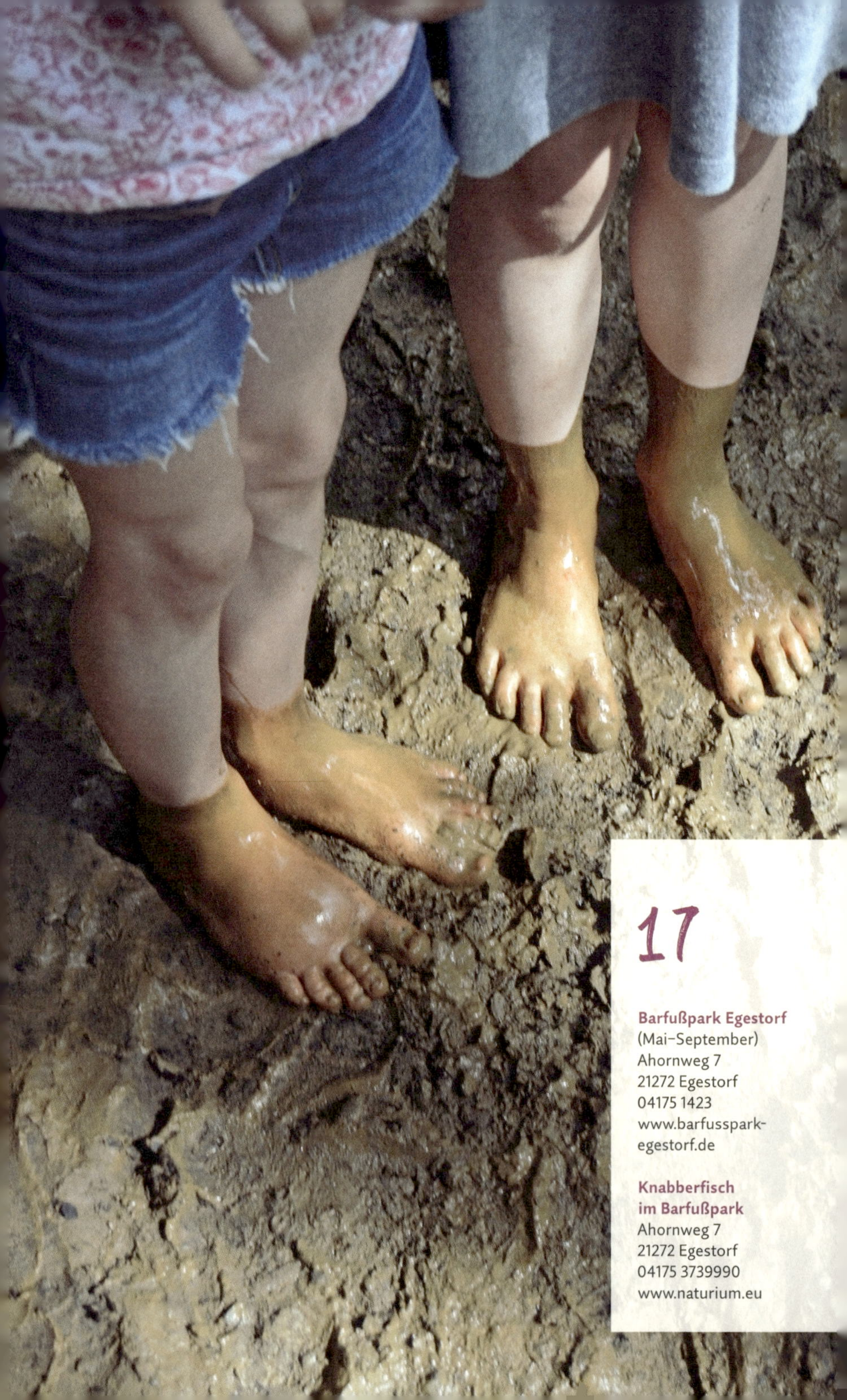

17

Barfußpark Egestorf
(Mai–September)
Ahornweg 7
21272 Egestorf
04175 1423
www.barfusspark-egestorf.de

Knabberfisch im Barfußpark
Ahornweg 7
21272 Egestorf
04175 3739990
www.naturium.eu

RAUS AUS DEN SCHUHEN!

Barfußpark

Schuhe aus und Sinne auf Empfang – das ist die Kurzanleitung für einen Tag im Egestorfer Barfußpark. Mehr muss man nicht wissen, von da an geht alles seinen sockenlosen Gang.

Da wird gejuchzt und gelacht an den Stationen, wo die Füße in gelbem Feuchtsand versinken und man mit Sandsocken weitermarschiert, bis zum Matschepampemodderbecken, in dem die Beine bis zum Knie in dicker schwarzer Erde versacken. Ein sensorischer Hochgenuss ist dann der weiße Mullersand vom Strand, ein Spaß die ungewohnten Untergründe aus Kork, Torf und Kieseln. Es hat etwas Komisches, alle Menschen um sich herum schuhlos und mit schmutzigen Füßen zu sehen. Das ist so verschwörerisch, als würden im Büro plötzlich alle kommentarlos einen Pyjama tragen. Und es ist weit mehr als nur ein Park für die Füße – Hände fassen in Kästen nach Zapfen und Nadeln, Nasen erschnuppern Kräuter. Auch die Seele kommt zur Ruhe, auf der großen, stillen Wiese in der Mitte des Parks. Kennen Sie das, wenn da erst Lärm ist und dann die Stille hörbar wird? So ist es im Barfußpark, wenn man sich Zeit nimmt. Für die kleinen Dinge: Guck mal da, die Ameisen transportieren gemeinsam ein Sandkorn. Die Wolke da oben sieht aus wie ein Nilpferd. Woher kommt diese feine Melodie? … Ach, vom Wind, der durch die Äolsharfe streicht.

Den Machern ist hier ein großer Wurf gelungen. Oma amüsiert sich genauso wie das Enkelkind, an den Mitmachstationen scheint jeder plötzlich alterslos. Der Eintritt beträgt nur ein paar Euro und doch bekommt man dafür Luxusgüter der Moderne: Stille, Zeit und Gemeinschaft in der Natur. So sinnlich, so simpel, so sinnvoll. Dass es die kleinen Dinge sind, die zufrieden machen, das schrieb man früher schon in Poesiealben. Aber was es bedeutet, das erfährt man im Barfußpark.

Eine Extraportion Pflege bekommen Ihre Füße im Knabberfischbecken. Minisaugbarben knibbeln abgestorbene Hautzellen ab, eine Art Naturpeeling. Im Winter nur nach Terminvereinbarung.

18

Der **Pastor-Bode-Weg** verläuft durch Egestorf. Informationen sind erhältlich beim **Dresslers Hus**
Im Sande 1
21272 Egestorf
04175 1516 (Touristinformation)
www.heimatverein-egestorf.de

Stephanus Café
Hinter der Kirche 4
21272 Egestorf
04175 8086699

EIN PASTORENLEBEN IN DER HEIDE

Pastor-Bode-Weg

Pastor Wilhelm Bode (1860–1927) ist einer der ganz Großen in der Lüneburger Heide, die Region hat diesem Mann viel zu verdanken. Ohne ihn gäbe es vermutlich den Naturschutzpark nicht, und wie die Heidelandschaft sich ohne sein Zutun entwickelt hätte, darüber mag man nicht mal nachdenken. Ihm einen Wanderweg zu widmen, der seinen Namen trägt, ist das Mindeste. Sein Wirken ging weit über das eines Kirchenmannes hinaus: So ist der Aufbau einer zentralen Wasserversorung ebenso sein Verdienst wie die Gründung eines Krankenhauses, er förderte den Bau einer Kleinbahn – dieser Tausendsassa hatte das Gemeinwohl im Sinn. Anfang des letzten Jahrhunderts, 1906, kaufte er den Totengrund mit einer Geldspende, um ihn für den Naturschutz zu erhalten. 1909 konnte er mit Unterstützung des Vereins Naturschutzpark e. V. auch den Wilseder Berg erwerben und verhinderte so dessen geplante Aufforstung.

Über all das lässt sich sinnieren, auf einer Wanderung entlang der wichtigen Stationen seines Lebens, von Lüneburg, seinem Geburtsort, über Salzhausen und Egestorf, wo er als Pastor wirkte, bis nach Wilsede, wo er die letzten Lebensjahre verbrachte. Es heißt, er sei diesen Weg früher selbst mit seinem Vater gewandert. Über Wilhelm Bode gibt es nicht nur Heide- und Heldengeschichten zu erzählen: Er hatte offenbar noch Zeit für ein bewegtes Privatleben; 1923 wurde er sogar wegen angeblicher Pflichtverletzung aus seinem Amt entlassen. Sei's drum, seinem Ruhm in der Region tut das keinen Abbruch: Wie vom Vater gewünscht, verstreute der Sohn seine Asche auf dem Gipfel des Wilseder Bergs, hinein in die Landschaft, die ihm so viel bedeutete und die ihm so viel zu verdanken hat. In Egestorf erinnert eine Büste auf dem Kirchplatz an den Heidjer, das liebevoll gestaltete Dorfmuseum *Dresslers Hus* bewahrt die Wurzeln des heutigen Heidelebens, das auf so vielen Ideen des Pastors fußt.

Pastor Bode war ein Genießer. Was hätte er wohl zu dem köstlichen Browniekuchen gesagt, den es im Café hinter der Kirche gibt …

19

Kunstwerkstatt Eyendorf
Ulf Petersen
Stellahfeld 2
21376 Eyendorf
04172 988367
www.kunstwerkstatt-eyendorf.de

KunstWerkWege
Stephan Meier
Sodersdorfer Straße 1
21272 Egestorf
04175 448
www.kunstwerkwege.de

EIN RAUM FÜR DIE KUNST

Kunstwerkstatt

Moderne Märchen gehen so: Es war einmal ein junger Mann, der im Ruhrpott groß wurde. Er arbeitete unter Tage, so wollte es die Familientradition. Und er wurde Metallbaumeister. Aber im Hinterkopf war da eine Liebe zum Norden und zur Kunst; beides rückte immer weiter nach vorn. Durch einen Glücksfall konnte Ulf Petersen recht spät im Leben ein altes Haus in der Lüneburger Heide kaufen, das er renovierte und in dem er sich als Künstler niederließ. Er malte große Bilder und formte Skulpturen aus Ton und Metall; Schrottengel standen dann im Garten, Figuren mit einem pochenden Herzen aus einer alten Zange, Köpfe mit geschlossenen Augen, die das Gesicht in die Sonne drehen.

In einem Märchen dürfen Dinge passieren, die im richtigen Leben unglaubwürdig erscheinen. Darum wohnte in der Straße eine alleinerziehende Mutter. Sie kam auf einen Kaffee vorbei und blieb für's Leben. Der Mann heiratete sie, und sie zog mit Kindern und Kegeln einfach nach gegenüber, in die Kunstwerkstatt. Er freundete sich mit anderen Künstlern aus den umliegenden Dörfern an; einmal im Jahr öffnen sie alle gemeinsam ihre Ateliers und zeigen ihre Arbeiten: Gemälde, Goldschmiedearbeiten, Glaskunst. *Kunstwerkwege* nennen sie den roten Faden, der sich dann durch die Dörfer zieht, entlang der Werkstätten; an jedem dritten Wochenende im August ist Ulf Petersen dabei.

Was er kann, gibt er gern weiter – alles für die Kunst: Oft kann man Rauchwolken über seinem Haus aufsteigen sehen, dann wird gerade die Esse befeuert, zum Beispiel bei Frauen-Schmiedeworkshops. Da wird im Feuer gehämmert und geformt, bis am Ende noch mehr Figuren den Garten bevölkern. Und noch mehr Menschen vor Stolz und Freude strahlen.

Es ist selbst gemachtes Glück, dieses Märchen von einem Künstlerleben bei Ulf Petersen und seiner Frau. Und weil es wahr ist, leben sie noch heute.

Eyendorf hat eine schmucke Mühle, in der man feiern und heiraten kann. Einmal im Jahr, im Mai, feiert das Dorf ein großes Mühlenfest.

20

Mein Teegarten
Claudia Mertens
Wilsede 6
29646 Bispingen
0176 81531287
www.meinteegarten.de

AUSZEIT MITTEN IN DER HEIDE

Mein Teegarten in Wilsede

Claudia Mertens' favorisierter Ort ist ihr Garten. So viel Schönes muss man teilen, darum hat sie ihn nun für Gäste geöffnet, auf dass auch sie ihn zu ihrem Lieblingsplatz machen können. Sie ist Landschaftsarchitektin und weiß, wie man aus Erde und Pflanzen ein kleines Paradies erschafft. Ihr Refugium ist fast 5.000 Quadratmeter groß und liegt in Wilsede, mitten im Naturschutzgebiet Lüneburger Heide. Der Ort ist autofrei, das bedeutet, man kann nur auf drei Wegen ins Café gelangen: zu Fuß, mit dem Rad oder mit einer Kutsche. Die eingeschränkte Erreichbarkeit scheint nur auf den ersten Blick ein Nachteil zu sein. Denn für Busladungen voller Menschen ist ihr Café nicht der richtige Ort, glaubt die Gartenfreundin; er will in aller Ruhe, mußevoll, entdeckt werden.

Für die Besucher hat sie einen Plan entworfen: Bevor man sich in der Kuchenscheune am Eingang versorgt, ist ein Gartenspaziergang empfohlen, bei dem man sich umschaut, staunt und sich seine liebste Ecke aussucht. Vielleicht in der kleinen Laube unter der Eiche? Oder im Bauwagen ganz hinten? Oder doch auf der gemütlichen Bank inmitten der üppig blühenden Beete? Hat man sein Plätzchen, gibt es den Kuchen. Hausgemacht und köstlich sind die Torten, so bunt zusammengestellt wie das Geschirr.

So lässt sich ein genussvoller Nachmittag verbringen. Hühner umgackern die Sitzecken, eine Schildkröte zeigt, wie man Tempo aus dem Leben nimmt, manchmal hört man Hufklappern von den vorbeifahrenden Kutschen. Will man ein, zwei, drei Stunden bleiben, ist das kein Problem für Claudia Mertens, im Gegenteil. Das größte Kompliment, sagt sie, ist es, wenn ein Gast sich so entspannt und wohlfühlt, dass er in der Hängematte einschläft. Geweckt wird er dann erst, wenn der Teegarten abends die Pforten schließt.

Der Totengrund, einer der schönsten Orte in der Heide, ist nur einen kleinen Spaziergang entfernt.

21

Heide-Kanu
Marxener Straße 23
21385 Oldendorf (Luhe)
04132 933933
www.heide-kanu.de

Heide-Kanu
Matthias Schrenk
Marxener Straße 23
21385 Oldendorf (Luhe)
04132 933933
www.heide-kanu.de

WONNIGES WANDERN AUF WASSERWEGEN

Kanufahren auf der Luhe

Mit dem Kanu auf einem Fluss in der Heide dahingleiten, das gehört zu den Top-Freizeitritualen für alle Heidjer und Besucher – so wie eine Wanderung zum Wilseder Berg oder ein Abend in Lüneburg am Stint. Kaum jemand hier, der das nicht erlebt hat, mit dem Sportverein, der Familie, mit der Konfirmandengruppe oder zu einem runden Geburtstag.

Wer in See stechen will, muss sich nur noch entscheiden, auf welchem Fluss: Luhe, Seeve und Ilmenau sind zum Beispiel beliebte Wasserreviere und für Anfänger ähnlich gut zu bewältigen. Allerdings brauchen die manchmal eine Weile, bis Hand und Hirn sich einig sind, wie das funktioniert, das mit vor und zurück und links und rechts mit dem Paddel. Ein Ritual mit hohem Spaßfaktor und Unterhaltungswert, auch für Beobachter von den Brücken, die es an den Strecken gibt. Gelernt hat es aber noch jeder, wenn auch nicht immer mit trockener Kleidung.

Eine Kanutour ist Gemeinschafts- und Naturerlebnis. Sonne spiegelt sich auf dem Wasser, das sich wie eine Schnur in sanften Schleifen durch das Land zieht, zu hören sind nur Vögel und der Paddeleinstich ins Wasser, die Zivilisation hält Abstand, besonders an den Wochentagen.

Ein lauschiger Ort zum Verweilen ist die Köhlerhütte an der Kanuanlegestelle zwischen Garstedt und Vierhöfen, die man bei der Gemeinde Garstedt mieten kann. Abends hier mit müden Armen am Lagerfeuer sitzen und Paddlerlatein erfinden, das ist einer der schönsten Sommermomente in der Heide.

Wer auf öffentliche Verkehrsmittel angewiesen ist, kann die Ilmenau befahren. Einstieg ist in Bienenbüttel unweit des Bahnhofs, Ausstieg in Lüneburg direkt an Schröders Garten. Egal, wo Sie zum Schiffskapitän für einen Tag werden, eine Kanutour im Heidefluss, das ist immer eine gute Strömung, mit großem Weißt-du-noch-Potenzial im Ausflugsrepertoire.

Kanuverleiher Matthias Schrenk denkt sich gern neue Ideen für seine Boote aus. Auf den Seen der Region hat er schon Kinoaufführungen vor schipperndem Kanupublikum angeboten.

22

Waldklause Garlstorf
Zur Osterheide 26
21376 Garlstorf
04172 7137
www.waldklausegarlstorf.de

FUTTERN WIE BEI MUTTERN

Waldklause

»Gutbürgerlich« ist vielleicht ein aussterbendes Wort. Was es bedeutet, kann man in der Waldklause erleben. Manchmal wollen Herz und Magen keinen überkandidelten Schnickschnack, sondern einfach nur gut essen. Futtern wie bei Muttern. Oder wie bei der Familie Vick in Garlstorf.

In vierter Generation steht sie hier schon am Herd. Früher war es eine Bahnhofsgaststätte, angefangen hat alles mit Opa Willi 1930, danach kam Tante Elsa; 1971 übernahm dann Richard Vick den Laden. Anfangs verkaufte er neben Bier auch die Fahrkarten (und es gab immer einen Schnaps für den Zugführer). Als die Bahnverbindung eingestellt wurde, wuchs das Gastrogeschäft. Heute trifft man sich hier an den Biergartentischen mit dem vielleicht schönsten Blick über Bahnschienen und weite Felder – im Frühsommer ein Rapstraum in Gelb. Seit vielen Jahren ist nun Thomas Vick mit seiner Frau Chef der Klause. Sein Vater ist noch jeden Tag im Geschäft, als Faktotum: Bier zapfen, Witze erzählen, Glühbirnen eindrehen. Die Unternehmensphilosophie formuliert er so: »Das Gästebewirten muss einem durch den Magen gehen und man muss Menschen mögen. Maurer, Meister, Multimillionär, alle werden hier gleich bedient.« Und es wird an Traditionen festgehalten: Nach einem Feuer vor ein paar Jahren wurde der Gasthof fast im Originalzustand wieder aufgebaut. Überzeugt vom eigenen Geschmack und der treuen Anhänglichkeit begeisterter Gäste wurde nicht unnötig modernisiert und stilistisch gefremdelt. Bloß nich an fummeln, wenn wat löpt!

Das Geheimnis des Erfolges ist aber eigentlich das gute Essen von Thomas Vick. »Das halbe Hähnchen«, sagt der Seniorchef schmunzelnd, »war die Vermögensgrundlage«. Stammgäste fahren aber auch kilometerweit für die Steaks, das Roastbeef und die Pfifferlinge. Natürlich gibt es auch Salate, aber die deftigen Gerichte auf der Karte sind einfach schrecklich verlockend.

Neben dem Gasthof vermietet die Familie Vick Ferienwohnungen. Hier kann glücks- und kalorienschwer einkehren, wer nur noch vom guten Essen träumen will.

23

Atelier Heino Jacobsen
Lärchenweg 4
21271 Hanstedt
04184 8986130
www.wandmalerei-jacobsen.de

KUNST AM KASTEN

Kastenmaler Jacobsen

Manche Dinge sind schon sehr lange nicht mehr verändert worden, obwohl sie nicht überzeugend sind. Zum Beispiel die Farben von Männeranzügen, die gibt es fast nur in dunkel. Dass Fernsehgeräte schwarz sein müssen, steht auch nirgendwo geschrieben, ist aber meistens so. Und sind Ihnen schon mal die Stromkästen an den Straßen aufgefallen? Diese Apparate, die mit den Jahren hässlich verwittern und so richtig schabbelig aussehen? Alle grau in grau, wie grauenhaft. Dabei können die auch ganz anders anmuten, man muss eben nur mal Altes neu denken, kreativ, so wie der Maler Heino Jacobsen. Heino hübscht sie auf.

Mit Acrylfarbe und Pinseln rückt er an, ungefähr einen Tag braucht er für ein Kastenbild. Bodenturnen nennt er das, lässt sich gern dabei über die Schulter gucken und in einen Klönschnack verwickeln. Angeheuert wird er von Vereinen, Unternehmen oder Einzelpersonen und verwandelt den Kasten in eine Leinwand für bunte Gemälde. Die Energieunternehmen, denen sie gehören, freuen sich meistens; kein Wunder, wenn grau oder Gruselgraffiti die Alternativen sind.

Bei der Motivwahl ist der Künstler offen für die Wünsche und Vorstellungen seiner Kunden. Heidschnucken und Hasen malt er oft, roten Mohn und gelbe Sonnenblumen, Landschaften und Gebäude, solange es irgendwie in die Gegend passt. Heino Jacobsen ist eigentlich Rechtshänder, malt seine Bilder aber seit einem Unfall mit links: »Mit rechts wäre ich ein Genie geworden«, lacht er. Durch die Kastenmalerei entstand im Laufe der Zeit ganz ungeplant Kunst im öffentlichen Raum; eine Art große Open-Air-Gemälde-Galerie mit echten Jacobsens in verschiedenen Heideorten. Mehrere Hundert sind es inzwischen in über 20 Dörfern. Da lohnt sich beim Durchfahren ein Einhalten des Tempolimits gleich doppelt – zur Knöllchenfreiheit gesellt sich Kunstgenuss am Straßenrand.

Wer Heino Jacobsen eine Freude machen will, bestellt als Motiv für einen Stromkasten eine Kuh. Die malt er gern. Leinwände verschönert er natürlich auch.

24
Degenhof
Im Schätzendorfe 26
21272 Egestorf-
Schätzendorf
04175 80290
www.degenhof.de
Egestorfer Fuhrenbräu
In den Fuhren 3
21272 Egestorf
0171 6277686
www.egestorfer-
fuhrenbraeu.de
Degenhof

GENUSS IM BIERGARTEN

Degenhof in Schätzendorf

Manchmal im Sommer steigt Rauch auf über dem Degenhof. Dann steht Marcus Leben am Smoker und bereitet Grillgut zu. Fleisch ist seine Leidenschaft. Eine eigene Manufaktur auf dem Hof ist der Lebensmittelpunkt, für Gäste zeigt er sein Können auch direkt im Biergarten. Hier, auf dem Hof der Familie, dessen Geschichte bis ins 14. Jahrhundert zurückreicht, laufen viele Fäden zusammen. Marcus Lebens Eltern hatten schon einen gastronomischen Betrieb, der Sohn ist mit seiner Frau Nadine und vielen frischen Ideen im Gepäck als Juniorchef in fünfter Generation zurückgekehrt. Er ist gelernter Koch, seine Frau ist Ernährungswissenschaftlerin. Gemeinsam leben sie das Thema Fleisch mit Kopf und Herz. Gute Qualität, die aus der Region kommt, ist die wichtigste Regel und das schmeckt man. Sie nehmen ihre Produkte ernst, präsentiert werden sie mit großer Leichtigkeit.

Im Sommer gibt es saftige Burger im Biergarten unter jahrhundertealten Eichen. Die Kunden schätzen die Qualität, darum hat die Familie ihr Sortiment erweitert. In einem Hofladen bieten sie neben eigenen auch Produkte von befreundeten Manufakturen an. In rustikalen Regalen lagern Eierlikör, Pasta und Gewürze – Köstlichkeiten, die für Speichelfluss sorgen.

Stillstand gibt es bei den Lebens nicht, ständig entwickeln sie neue Ideen. Auf den Biergartensommer folgt das Adventscafé – mit der traditionellen Degenhoftorte, die Marcus' Mutter backt. Immer neue Leckerbissen landen im Hofladen. Frisches Gulasch vom Weiderind mit Balsamicoessig oder die klassische Roulade mit einem neuen Dreh.

Hungrig sollte man den Hof nicht betreten. Dann reichen die Arme kaum zum Schleppen der Köstlichkeiten, die man mitnehmen und probieren möchte. Jedes Produkt ist mit Liebe gemacht – wer nach einer kulinarischen Hommage an die Lüneburger Heide sucht, wird hier satt und fündig.

Im Nachbarort wird das Egestorfer Fuhrenbräu produziert. Bei Biergeflüster-Abenden erzählt der Brauer aus Leidenschaft viel Wissenswertes über die Herstellung und Geschichte.

25

Landgasthof Zur Eiche
Am Naturschutzpark 3
21271 Hanstedt-Ollsen
04184 88300
www.landgasthof-zureiche.de

FRISCHER WIND IM LANDGASTHOF

Landgasthof Zur Eiche in Ollsen

Vor dem großen Bauernhaus stehen noch immer Querbalken, an denen man Pferde festmachen kann, auch, wenn schon lange keine Kutschen und Reiter mehr Halt machen. »Ausspann« hieß das früher, wenn ein Wirtshaus einen Stall für die Pferde hatte; immerhin gibt es diese »Krugwirtschaft« schon seit 1858. Damals hielten Besucher hier auf langen Handelsreisen, heute kommt man gern nach Feierabend.

Der Landgasthof ist ein traditionelles Restaurant nach Heidjer Art, mit Eichen vor dem Haus, mit Geweihen an der Wand, herzhafte Gerichte stehen auf der Karte. Und doch ist alles sehr modern.

Als Claudia Albers hier vor ein paar Jahren einzog, hatte sie einen Plan: Ein frischer Wind musste dringend durch die angestaubten Räume wehen, aber bitte kein Schickimicki-Wirbelsturm, der den urspünglichen Charakter wegfegt. Der Plan ist aufgegangen – moderne Hausmannskost gibt es nach wie vor an schweren, großen Tischen, aber darauf liegt eine rot-weiß karierte Tischdecke; die Wände sind hellgrün gestrichen, die Hirschgeweihe sind mit einer Lichterkette verziert und gemütliche Schaffelle liegen auf den Bänken. Das Auge darf aber nicht nur gucken, es soll gern mitessen. Die Details bereiten Vergnügen: Echte Blumen aus dem Sommergarten auf dem Tisch, Schnitzel und Salate sind ein Hingucker, auf Etageren, auf schönem Porzellan, auf appetitliche Art serviert. Die Chefin hat auch einen Catering-Service und weiß, dass alle Sinne mitspielen, wenn es um Genuss geht.

Im Winter sitzen Besucher gemütlich am Kamin, im Sommer auf Holzbänken vor dem Haus. Egal, wo Sie sitzen, probieren Sie die Bratkartoffeln, nicht ohne Grund heißt das Gericht hier »Bratkartoffelfestival«. Im Landgasthof Zur Eiche lässt sich vortrefflich ausspannen, im heutigen Sinne, ganz ohne Kutsche und Pferd.

Nach jeder Mahlzeit gibt es einen Schnaps; Flasche und Gläser sind in einem Vogelhäuschen versteckt, aus dem es piept – ein echter Zwitscherkasten, den man auch kaufen kann.

26

Wildpark Lüneburger Heide
Wildpark 1
21271 Hanstedt-Nindorf
04184 89390
www.wild-park.de

ZU BESUCH BEI HASE UND TIGER

Wildpark Lüneburger Heide bei Nindorf

Ein Zoo ist ein Zoo ist ein Zoo. Da leben Tiere hinter Gittern. Es gibt einen Spielplatz und dazwischen Würstchenbuden. Sagen die einen. Die anderen fahren gern in den Wildpark nach Nindorf, die Wundertüte unter den Tierparks.

Mehr als 1.200 Tiere sind hier zu Hause, Bären und Bussarde, Wölfe, Wisente und Wollschweinferkel mit blonder Thomas-Gottschalk-Lockenfrisur. Und dazwischen liegen die Streichelgehege, umzäunte Terrains, in denen man umzingelt wird von Ziegen und Damwild, vorausgesetzt, man hat Leckerlis in der Tasche; dann kann man testen, welches Tier ein butterweiches Maul hat und welches eher stachelig ist beim Aus-der-Hand-Fressen. Und man kann dafür sorgen, dass das schüchterne, menschenscheue Rehlein, das sich nicht näher traut, auch ein paar Bröckchen zugeworfen bekommt. Drei Rundwege unterschiedlicher Länge führen durch den Park, schöne Wanderwege, die sogar ohne Tierbeobachtung ein nettes Ziel wären. Aber mit einem Rundgang ist es hier nicht getan: Höhepunkte für viele Besucher sind die Greifvogelvorführungen und die Fischotterfütterungen.

Das ist zu viel Programm für einen Tag. Wer bleiben will, kann dort übernachten, wo man hört, wie sich Bison und Ziege Gute Nacht sagen – ein paar Schritte vom Park entfernt liegt das Schäferdorf. In Apartments oder, noch uriger, in Schäferwagen kann man sich einquartieren. Abends wird die Grillhütte in der Dorfmitte zum Treffpunkt; am Lagerfeuer tauscht man die schönsten Tiergeschichten aus: Wie der Damhirsch in der Brunft Rülpsgeräusche macht, der mächtige Wapiti dagegen pfeift wie ein kaputter Teekessel. Ob der Wolf wirklich den Mond anheult. Wie der Moschusochse riecht. Was ein Protestschwein ist und wie sich die Stachelschweine lieben. Und morgen gibt es neue Fragen und Antworten im Wildpark.

Nachts im Zoo? Das geht. Mit Fackeln ausgerüstet, kann man zu einer stimmungsvollen Abendwanderung zu den nachtaktiven Tieren im Park aufbrechen.

27

Heide Himmel
Wildpark 1
21271 Nindorf-Hanstedt
04184 893926
www.heide-himmel.de

Hoch hinaus über die Baumkronen

Baumwipfelpfad *Heide Himmel* bei Hanstedt

Selten geht es immer bergauf im Leben, es sei denn, man besucht den Baumwipfelpfad *Heide Himmel*. Ein gemächlich ansteigender Weg führt mitten durch den Wald zu einem Turm, der in 45 Meter Höhe einen fabulösen Blick in die Natur freigibt. Der Baumwipfelpfad ist ein in jeder Hinsicht großes touristisches Projekt, das einen neuen, anderen Blick auf die Heide bietet. Der gut gesicherte Holzweg schlängelt sich durch den nebenan liegenden Wildpark. Unterwegs guckt man wie ein Vogel auf die Welt, von oben herab, direkt in die Tiergehege: Der Pelz des Tigers sieht von hier ganz anders aus und das Traben der weißen Wölfe erschient so kraftvoll aus der Höhe. Auch die Menschen im Park fühlen sich unbeobachtet, während man ihnen auf den Scheitel späht.

Der Spaziergang aufwärts hat Mehrwert: An vielen Guck- und Greifstationen können kleine und große Besucher unterwegs auf Schautafeln die sie umgebende Natur erfahren – lesen, begreifen, entdecken und anfassen sind ausdrücklich erwünscht. So lernt man, dass eine Birke täglich mehr als zwei Badewannen voll Wasser braucht und warum man bei Regen einem Feuersalamander begegnen kann.

Besonders schön ist es oben zum Jahreszeitenwechsel, wenn die Baumkronen in bunten Farben leuchten. An klaren Tagen geht der Blick bis zum Wilseder Berg und sogar bis nach Hamburg. Mancher behauptet, er habe von oben sogar die Elbphilharmonie in der Sonne schimmern sehen.

Besucher-Höhepunkte sind die Mondnächte, zu denen Gruppenwanderungen auf den Turm angeboten werden. An nachtaktiven Tieren und heulenden Wölfen vorbeigehend, entsteht eine schaurig-schöne Stimmung. Oben angekommen, klingt der Abend mit Glühwein und Kinderpunsch aus – mit dem erhabenen, erhebenden Gefühl, den Turm erklommen zu haben.

Das zum Baumwipfelpfad gehörende Restaurant am Eingang ist originell gestaltet. Birkenstämme und Bienenstöcke vermitteln behagliche Naturnähe. Auch ein Blick in die Toiletten erfreut.

28

Schloss Winsen
Schlossplatz 4
21423 Winsen (Luhe)
04171 3419 (Heimatverein)
www.hum-winsen.de

SCHLOSS, GARTEN, FLUSS – BEZAUBERND!

Schloss

Das ist gemein, wenn man eigentlich eine nette Stadt ist – und dann liegt Lüneburg in der Nachbarschaft. Das ist, als sei man die Schwester von Heidi Klum oder der Bruder von George Clooney. Da kann man nur noch seine eigenen kleinen Vorzüge betonen und hoffen, dass jemand hinsieht.

Winsen weiß, wie das ist. Da tröstet es nicht, dass Udo Lindenberg einst eine Angelika aus dieser Stadt besang; auch nicht, dass Winsen die Nähe zur Elbe, das Blaufärberhaus und die schönen Radwege auf dem Deich vorzuweisen hat. Und vor allem: das Schloss. Eine Backsteinperle, rapunzelverdächtig. Drumherum ein Teich und ein Schlossgarten. 2006 fand hier die Landesgartenschau statt. Mit blühender Fantasie erhält ein rühriger Förderverein die Luhegärten. Das Schloss, der Garten, das Wasser, das ist bezaubernd, und alles nur einen Steinwurf von der Innenstadt entfernt. Heute ist das Schloss ein Arbeitsplatz: Das Amtsgericht hat hier seinen Sitz. Da bröckelt die Romantik ein wenig von den roten Mauern, hinter denen so viel Geschichte wohnt: 1593 lebte Herzogin Dorothea von Braunschweig-Lüneburg hier, als Witwe, »beleibzüchtigt« wurde sie mit dem Bau, so hieß die Gabe eines Alterssitzes. Mit ihrem Namen ist das Schloss bis heute verbunden. Eine bitterböse Frau wird sie in einer Quelle genannt, ein gar garstig Weib, sie unterschrieb die Urteile zu vielen Hexenprozessen. Andere Quellen berichten von einer gütigen, tatkräftigen Frau. Ihren Wohnsitz baute sie nach ihren Vorstellungen um und ließ den noch heute existierenden Marstall errichten. Ausstellungen erinnern dort an die Winsener Geschichte. Angemeldet kann man das Schloss besichtigen und bewundern. Ein Heimatverein kümmert sich um seine Zukunft. Wie schön wird es erst sein, wenn es vielleicht wieder eine Klappbrücke gibt und ein prächtiges Innenleben? Wenn es so weit ist, müssen sich Heidi und George ganz schön warm anziehen.

Für Blumenfreunde lohnt ein Besuch im Frühjahr; jährlich findet in den Luhegärten vor dem Schloss das Winsener Tulpenfest mit über 100.000 Blüten statt.

Um das **Junkernfeld mit den Schachbrettblumen** führt ein Rundweg
Startpunkt: Parkplatz am Junkernfeldsee
Zum Junkernfeld
21218 Seevetal-Hörsten

Gemeinde Seevetal Umweltreferat
Kirchstraße 11
28218 Seevetal
04105 552274
www.seevetal.de

Zur Strandhalle
Sandberg 7
21218 Seevetal
040 7696639

Ein blühendes Karomuster

Schachbrettblume bei Hörsten

Es stand einmal eine Schachbrettblume auf dem Junkernfeld in der Seeveniederung. So poetisch könnte ein Märchen beginnen. Aber es ist alles wahr. Mit Beginn des Frühlings blüht hier die Fritillaria meleagris, auch Wiesentulpe genannt. In der großen offenen Wiesenlandschaft an der Seeve sind gegen Ende April deutlich mehr Menschen anzutreffen als sonst, unter ihnen viele Botaniker, denn die Schachbrettblume ist eine Rarität und wächst kaum noch in solchen Mengen wie hier. Vom Aussterben bedroht, findet sie in der Elbmarsch, was sie zum Überleben braucht: satte Feuchtwiesen. Sie ist wirklich eine ganz besondere Schönheit: Winzig kleine Karos in allen Rosarot- und Weißtönen bilden ein kleines Schachbrettmuster auf jeder Blüte. Dass die Natur eigentlich keine rechten Winkel fabriziert, das hat dieser Pflanze niemand gesagt.

Um sie zu schützen, sorgt die Gemeinde zur Blütezeit für Stege, die über die Wiesen führen. Oft sieht man Menschen bäuchlings dort liegen; sie machen vermutlich ein paar Hundert Fotos von der Karoblume, an der man sich schwer sattsehen kann. Entlang der Wiesen stehen viele Bänke; dort sitzen auch oft Einheimische, die zu berichten wissen über das Blühverhalten der Fritillaria. In manchen Jahren muss man schon genauer hingucken, um sie zu entdecken, in anderen, nach harten Wintern heißt es, blühen sie in rauen Mengen. Gern erzählt man dort auch, wie die Blumen der Legende nach entstanden: Ein Junker, der das Schachspiel seiner Frau vorzog, wurde dafür von einer Fee bestraft und in eine Schachbrettblume verwandelt. Seine Braut grämte sich und wünschte sich an seine Seite, und so wurde sie in ihrem Brautkleid ebenfalls in eine Schachbrettblume verwandelt, in eine weiße, ohne Karo. Es ist eben doch märchenhaft, das Junkerfeld mit den karierten Schönheiten. Und wenn sie nicht gestorben sind, dann blühen sie nächsten April wieder.

Imbiss gefällig? In der *Strandhalle* in Over gibt es im Sommer Bruschetta und Currywurst mit Elbblick. So nah am Wasser hat kaum ein Restaurant gebaut.

Polizeireiterinnen im Totengrund

30

Die Etappe Handeloh–Undeloh des **Heidschnuckenweges** beginnt am Bahnhof
Bahnhofstraße 10
21256 Handeloh

Verein Naturschutzpark e.V. (VPN)
Niederhaverbeck 7
29646 Bispingen
05198 987030
www.verein-naturschutzpark.de

Heidschnuckenweg
www.heidschnuckenweg.de

WANDERN AUF DEM SCHÖNSTEN WEG

Heidschnuckenweg

Es ist vielleicht nicht die originellste Beschriftung eines Wanderweges, aber durchaus sinnvoll: Ein großes »H« zeigt in der Lüneburger Heide den Heidschnuckenweg an. »H« für Heide, Heidschnucken, hach, ist das hier schön – das ist sogar belegt: 2014 wurde er zum schönsten Wanderweg Deutschlands gewählt. 223 Kilometer ist er lang und führt von Hamburg bis nach Celle. 30 Heideflächen durchkreuzt er auf seinem Weg, eine der ältesten Kulturlandschaften Deutschlands. Ambitionierte Wanderer können ihn in bis zu 14 Tagesetappen komplett erwandern. Heideland ist Flachland, für die meisten Abschnitte gilt also: ist zu schaffen. Wer auf Nummer sicher gehen will, kann sein Gepäck auch transportieren lassen. Beliebteste Attraktion unterwegs: Schnucken gucken. Sie sind Wahrzeichen und Landschaftspfleger zugleich. Ihr Name ist Programm, »schnucken« heißt so viel wie »naschen, schnökern« – und das tun die Tiere. Sie fressen die alten Heidetriebe und Schädlinge ab, die die Heide überwuchern.

Gern gesehene Heidegäste und beliebtes Fotomotiv sind die Polizeireiterinnen aus Hannover. In den Sommerwochen sorgen je zwei Polizistinnen auf ihren Pferden hier für Ordnung. Sollten die charmanten Damen im Naturschutzgebiet auf unerlaubte Autos treffen, können sie schon mal ungemütlich werden.

Wer seinen Füßen eine Pause gönnen möchte, kann auch auf Kutsche oder Elektrofahrrad umsteigen. Verleihstellen gibt es in den größeren Orten. Seit Jahren tourt auch der Heide-Shuttle durch den Landkreis. Ein viel genutzter Bus, der auf vier Routen alle wichtigen Ausflugsziele in der Lüneburger Heide anfährt. Er fährt immer im Kreis, kostenlos, auch Fahrräder dürfen mit. Gewiefte Neuankömmlinge fahren erst mal ein paar Runden, ohne auszusteigen, und hören an den Reaktionen der Einsteigenden, wo es besonders schön ist, um sich dort dann selbst mal genauer umzusehen.

Schilder am Wegesrand weisen auf Einkehrmöglichkeiten hin. Wichtig, denn manche Streckenabschnitte sind so lang, dass Hunger und Durst mitwandern.

31

Teestube Undeloh
Zur Dorfeiche 15
21274 Undeloh
04189 205 (Café und Teehaus)
04172 7431 (Ferienwohungen, Ferienhaus)
www.teestube-undeloh.de

LAUSCHIG UND LECKER

Teestube Undeloh

Ein Treiben ist das auf der Hauptstraße in Undeloh – zur Heideblütenzeit ist es in dem sonst so ruhigen Ort geschäftig wie auf einem Basar: Kutschen, Heideshuttlebusse, Autos, Menschen, alles in Bewegung. Glücklicherweise gibt es Oasen wie die Teestube. In goldenen Lettern steht das an dem Fachwerkhaus hinter dem Garten, in dem Hortensien blühen und Basilikumpötte auf jedem Tisch stehen. Ein Ambiente, das persönlich wirkt und einladend, draußen und drinnen. Viele kleine Räume, individuell, gemütlich und warm. Es fühlt sich an, als sei man privat eingeladen, bei Menschen mit gutem Geschmack. Marie-Luise Lübberstedt ist hier die Chefin, detailverliebt sei die Teestube, schrieb jemand ins Gästebuch, das stimmt, sagt sie. »Manche Frauen können sich perfekt anziehen, ich kann Räume schön gestalten.« Ein Talent, das sie von der Mutter geerbt hat.

Die Teestube gibt es seit 1964, vor einigen Jahren war es Zeit, sie in die nächste Generation zu führen. Marie-Luise Lübberstedt selbst dachte nicht daran, die Stube von einer Bekannten zu übernehmen, immerhin war und ist sie voll berufstätige Pädagogin. Sie tat es aber doch, es galt, ein Lebenswerk zu retten. Dass sie eine wahnsinnige Energie braucht, weiß sie, dass sie die auch hat, empfindet sie als Segen, nicht als Fluch. Mit der Teestube hat sie mehr übernommen als einen Gastrobetrieb. Die Stube hat Tradition, gehört in die Lüneburger Heide, ihre Heimat. Und die liebt sie sehr. Sie will, dass noch viel mehr junge Besucher den Weg hierher finden und die Gegend schätzen lernen, sie weiter beleben. Dafür muss man ihnen aber auch etwas bieten, findet sie, neben schönen Räumen vor allem richtig gutes Essen.

Dabei unterstützt sie das Ehepaar Lechtenfeld. Die beiden führen die Küche mit guten Ideen und Zutaten; sie mischen Frische unter die vorhandene Urigkeit. Altbewährtes mit neuem Pfiff, eine prima Mischung, die Spaß macht. So geht es Stück für Stück zum Gästeglück.

Marie-Luise Lübberstedt vermietet auch Ferienwohnungen. Sie gelten als die schönsten in der Lüneburger Heide. Gäste schwärmen auch von dem Frühstück.

32

Wanderung auf den Wilseder Berg/Totengrund
Startpunkt: Heidemuseum
Wilsede 3A
04175 802933
29646 Bispingen-Wilsede
www.stiftung-naturschutzpark.de

Bispingen-Touristik e.V.
Bahnhofstraße 19
29646 Bispingen
05194 9879690
www.bispingen-touristik.de

DER HEIDE-HIMALAYA UND DAS TIEFE TAL

Wanderung zum Wilseder Berg/Totengrund

169 Meter ist er hoch, der Wilseder Berg. Genauer gesagt 169,2 Meter. Bei dieser Höhe zählt jeder Zentimeter. Damit ist der Heidehügel die höchste Erhebung der nordwestdeutschen Tiefebene. Bergmenschen lachen natürlich über die paar Meter, Niedersachsen sind recht stolz auf ihren Heide-Himalaya. Fährt man mit dem Fahrrad hoch, ist er auch wieder nicht so flach; so mancher kommt japsend oben an. Einheimische in den mittleren Jahren, die jeden Sommer als Familienausflug auf den Berg wandern, behaupten sogar, er werde jedes Jahr steiler und höher, aber das ist geologisch natürlich nicht nachweisbar.

Der Berg liegt mitten im Naturschutzgebiet, das heißt, man muss ihn sich erarbeiten. Ins Auto steigen und hinauffahren, das geht nicht, das Gebiet ist absolut autofrei. Mit der Kutsche kommt man bis nach Wilsede, dort gibt es Kaffee und Kuchen und ein Heidemuseum mit erstaunlich viel Betrieb an den Heidewochenenden. Von dort geht es zu Fuß oder mit dem Fahrrad weiter, zum Totengrund in die eine, zum Wilseder Berg in die andere Richtung, beide Blicke sind wahrlich sehenswert.

Wann es hier am schönsten ist? Nicht schwer zu erraten: im Sommer, früh morgens oder am Abend, wenn die Sonne untergeht. Wenn es so würzig nach Wacholder riecht, wenn der lila Heideteppich vor den Augen eher an die Provence als die Provinz erinnert. Touristen sind gegen 19 Uhr kaum noch anzutreffen. Probe aufs Exempel: An einem sonnigen Samstagabend zur Heideblütenzeit ging es mit dem Fahrrad auf den Berg. Anzahl der Begegnungen unterwegs: drei Fahrradfahrer, zwei Wanderer und in der Ferne eine Kutsche mit lachenden Passagieren an Bord. Auf dem Berg: drei Liebespaare, fünf Fotografen. Und ein fantastisches Panorama.

Nach Sonnenuntergang muss man allerdings in die Pedale treten, um vor der Dunkelheit in die Zivilisation zurückzufinden. Wie laut es dort plötzlich ist!

In Wilsede können müde Wanderer auftanken. In der *Milchhalle* neben dem Museumsladen gibt es Brezeln und Buttermilch, eine herrliche Brotzeit vorm Weiterwandern.

Sonnenuntergang am Wilseder Berg

33

Alaris Schmetterlingspark
Zum Mühlenteich 2
21244 Buchholz/Holm-Seppensen
04181 36481
www.alaris-schmetterlingspark.de

Sniers Hus
Zum Mühlenteich 3
21244 Buchholz/Holm-Seppensen
04181 31734
www.gmv-buchholz.de

FASZINIERENDES FLÜGELSCHLAGEN

Schmetterlingspark in Holm-Seppensen

Der Eintritt in den Schmetterlingspark ist wie der Weg in eine andere Welt, tropisches Klima und üppig blühende Pflanzen umfangen die Besucher, plötzlich schwirrt die Luft, große bunte Schmetterlinge flattern dicht an der Nase vorbei, eine Berührung fast, wie ein Atemhauch. Es ist neu, anders, schön und auf Anhieb bezaubernd. Das überraschte Staunen ist es, was Betreiberin Hildegard Hain am meisten freut.

Sie selbst ist Biologin und seit Studententagen fasziniert von den Insekten. Ja, Schmetterlinge gehören zu den Krabbelviechern, weil sie sechs Beine haben. Aber sie sind so unendlich anmutig, dass sie mit der Gemeinen Stubenfliege nicht nah verwandt sein können. 30 bis 40 Arten leben im Park, darunter der Atlasspinner, so groß wie zwei Hände, und ein Orangefarbener, der Feuerfalter heißt – grelle Farben gelten den Feinden als ungenießbar. Überhaupt ist Tarnung die große Kunst der Flatterer. Das begreift man, wenn man auf einer Bank sitzt, einen tropischen Baum beguckt, von dem sich plötzlich ein Ast löst, der die Flügel ausspannt und sich als Schmetterling entpuppt. Wer nicht als Beute erkannt wird, überlebt.

Hildegard Hain hat einen Liebling unter den Faltern: den Glasflügler, ein Hauch von Nichts mit fast durchsichtigen Flügeln. »Er ist einfach hinreißend«, sagt sie mit einem seligen Lächeln, »so lautlos lebendig.« Wie er aktiv lebt ohne Lärm, seine grandiose Fähigkeit zur Entwicklung und Umwandlung, da können sich Zweibeiner noch eine Menge abgucken. Seit 135 Millionen Jahren gibt es den Schmetterling, durch Eis- und Heißzeiten hat er sich angepasst. Manche Naturvölker in Südamerika glauben daran, dass er die Seele des Menschen ist, im Altgriechischen sind »Seele« und »Schmetterling« sogar dasselbe Wort. Gleich geht man ein wenig andächtiger durch die Welt dieser Tiere, die sich ständig verwandeln und immer schöner werden.

Gegenüber liegt das Museumsdorf Seppensen mit dem *Sniers Hus*. Hier findet einer der schönsten Kunsthandwerkermärkte der Region statt.

34

Atelier Micky Stach
Inzmühlener Straße 18
21244 Buchholz-Holm
0171 8398049
www.mickystachkunst.de

Holmer Mühle
Schierhorner Straße 1
21244 Buchholz-Holm
04187 7121 oder
04181 31162
www.gmv-buchholz.de

HAUPTSACHE, FRÖHLICH!

Micky's Keramik in Holm

Was ist eigentlich aus Pippi Langstrumpf geworden? Aus dem Mädchen, das nicht erwachsen werden wollte? Sie ist doch groß geworden: Sie heißt jetzt Micky Stach und wohnt in der Lüneburger Heide. Das schöne Haus, in dem sie mit ihrer Familie lebt, war früher die Dorfschule und ist noch immer eine Villa Kunterbunt. Das ehemalige Toilettenhäuschen beherbergt jetzt das Atelier der Keramikkünstlerin. Die Tonrohlinge, die in den Regalen lagern, ahnen nicht, was aus ihnen in den Händen der Künstlerin wird: Ihre Porzellankunst ist bunt. Farbenfroh. Geringelt und gepunktet, pink und grün, rosa und rot.

Mut zur Farbe hatte die Architektin schon immer und ein sicheres Gefühl dafür, was zusammenpasst. Mehr Farbspaß würde sie gern vermitteln. Wie fast ängstlich andere auf ihren bunten Mut reagieren, erlebt sie oft, wenn sie auf Kunsthandwerkermärkten ihr Geschirr verkauft. Da sorgt sie schon für Verblüffung, wenn sie nur ein paar Zitronen in eine türkisfarbene Schale legt oder eine rote Papika neben einen hellgrünen Krug. »Dabei«, sagt sie, »ist es doch völlig klar, dass das toll aussieht!« Inspirieren lässt sie sich durch Eindrücke und Erlebnisse im Alltag, durch ein Kleid in der Zeitschrift beim Zahnarzt oder eine Farbe im Laub, beim Spazierengehen gesehen. Überall ist Wunderland, wenn man die Welt mit Mickys Augen betrachtet. Besucher können in ihrem Atelier aus verschiedensten Farbkombinationen ihren Lieblingskaffeebecher wählen. Oft kommt jemand mit festen Vorstellungen, was in die heimische Küche passt, geht dann aber doch statt mit blau-gelb geringelten Schalen mit den grün-rosa gepunkteten nach Hause. Es kommen auch Puristen, die in einer weißen Welt leben und nur mal gucken wollen. Manchmal springt dann ein Farbfunke über, und Weiß war einmal. Mickys bunte Welt ist eben einfach hinreißend.

Um die Ecke liegt die historische Holmer Mühle. Regelmäßig finden dort Mahl- und Backtage statt. Die Mühlenbrote sind heißbegehrte Menschenschlangenverursacher.

35

Der Schafstall – Café-Restaurant
Am Büsenbach 35
21256 Handeloh-Wörme
04187 1072
www.cafeschafstall.de

HAUSGEMACHTE IDYLLE IM BÜSENBACHTAL

Café *Der Schafstall* in Wörme

Carla Hoffmann und Ekkehard von Hörsten sind ein eingespieltes Team. Wo sie ist, ist vorn, sagt er. Wo er ist, werden Gäste gut unterhalten, sagt sie. Seine Idee war es auch, aus dem alten Schafstall ein Café zu machen. Dabei ist es ein großer Glücks- und Zufall, dass die beiden sich überhaupt getroffen haben – immerhin ist sie in Namibia zu Hause, er in der Lüneburger Heide tief verwurzelt. Ekkehard von Hörstens Eltern waren weitsichtige Menschen und Biobauern. Bei ihnen gab es immer gutes Essen und viele Gäste, sie hatten ein Bild vom guten, gesunden Leben, eine Idee, an der sie festgehalten haben. So macht es ihr Sohn nun auch. Dass seine Frau aus einem Land kommt mit viel Platz, glaubt er, ist stimmig: »So entwickelt man eine Möglichkeit, ins Weite zu denken.« Gemeinsam betreiben sie nun das Café *Der Schafstall*, mit gut verteilten Rollen. Sie ist für den Cafébetrieb zuständig, er ist Schäfer, Kutscher und »Ansprechpartner für orientierungslose Gäste«.

Im Café gibt es regionales Essen mit guten Zutaten und Pfiff. Und mit Gemüt: »Wenn der Koch schlechte Laune hat, schmeckt man das auf dem Teller und das hat da nichts zu suchen«, befindet der Hausherr. Sie sagt: »Bei uns geht es rustikal zu, Kinder und Hunde sind willkommen, hier kann man auch gern mal auf den Boden krümeln.« *Der Schafstall* ist keine Bahnhofskneipe, Durchrauschen ist nicht das Tempo der Wahl. Genuss braucht Zeit, auch das hat der Schäfer von seinen Eltern gelernt. Gut Ding will bekanntlich Weile haben, warum gut Mensch nicht auch? Man bringe Zeit mit, die verbringt sich hier gut.

Guckt man sich im Cafégarten um, bestätigt sich das: Gruppen von Menschen, die erst mal angekommen sind, um zu bleiben. Dass das klappen würde, davon war Ekkehard von Hörsten immer überzeugt: »Bei so gutem Kuchen«, sagt er mit Blick auf seine Frau, »konnte nichts schiefgehen.«

Der Schafstall bietet auch kulturelle Delikatessen: Regelmäßig ist ein Märchenvorleser zu Gast. Besonders zu genießen am wohlig-warmen Kamin.

36

Kameloase Daniela Huttel
Höckeler Weg 33
21256 Handeloh
04188 8881018
www.kameloase.de

WÜSTENSCHIFFE IM HEIDEGRUND

Kameloase

Reiben Sie sich ruhig die Augen, wenn Sie bei einem Heidespaziergang in Handeloh plötzlich Kamele sehen. Hier? »Warum denn nicht?«, fragt Besitzerin Daniela Huttel dann zurück. Über Bemerkungen wie: »Sind wir so weit gewandert?« oder: »Ist das schon der Klimawandel?« lacht die Pädagogin, das hört sie öfter.

Höckeler Weg heißt die Straße, in der sie mit ihren Kamelen lebt. Die Hausnummer 33 auf die Seite gelegt ergibt zwei Höckerpaare – kann das ein Zufall sein? Mit Tieren hat sie sich schon immer umgeben. Als Teenager zog sie ein Wildschwein groß, »das war irgendwo über«.

Ihren Job als Finanzbeamtin warf sie frohen Herzens über Bord für ihr Dasein als Oberkamel. So bezeichnet sie sich selbst im Kreise ihrer fünf Lieben – ein Dromedar und vier Trampeltiere. Kälte können Kamele gut vertragen, nur nasskaltes Wetter mögen sie nicht, aber sie kommen damit klar, so wie wir auch. Ob es ihnen hier gut geht, die Frage stellen sich Besucher gar nicht. Wer sieht, wie liebevoll und achtsam Daniela Huttel mit ihren Schützlingen umgeht, will im nächsten Leben gern Kamel in Handeloh werden. Tolle Tiere sind es, sagt sie fast stolz, sie sind genügsam und haben einen guten, sanftmütigen Charakter, wirken beruhigend auf's Gemüt. Eins ist ein Schmusetier, das andere eher ein Wachhund, und Dromedardame Aralie ist ein bisschen grobmotorisch, »aber dafür riecht sie ganz toll nach Babypuder«, sagt das Oberkamel. Bei Führungen erfährt man viel über die Tiere. Dass sie an allen Kopföffnungen lange Haare haben, ist zum Beispiel ein Schutz gegen Wüstensand – und ihre Höcker sind nicht etwa mit Wasser gefüllt, sie bestehen aus Fett, was weniger hitzedurchlässig ist und sie vor hohen Temperaturen schützt. Davor sind die Tiere hier sicher und auch vor allen anderen Gefahren. Für Daniela Huttel ist klar: Ein Leben ohne Kamele ist möglich, aber sinnlos.

Von Daniela Huttels Eseln können Besucher viel lernen: »Sie sind nicht stur. Sie überdenken gern alles individuell. Ich nenne das eine arteigene Gelassenheit.«

37

Kunststätte Bossard
Bossardweg 95
21266 Jesteburg
04183 5112
www.bossard.de

Brookhoff Dorfkrug
Lüllauer Dorfstraße 25
21266 Jesteburg-Lüllau
04183 2241
www.brookhoff.de

LEBENSWERK UND KUNSTTEMPEL

Kunststätte Bossard

Kaum ein Ausflugsort in der Lüneburger Heide scheidet die Geister so sehr wie das Bossard Museum. Die Kommentare reichen von »ein wunderbar mystischer Ort« bis zu »düster und bedrückend«. Es lohnt ein Besuch, um sich ein eigenes Bild zu machen.

Bossard, das ist nicht nur das ehemalige Wohnhaus eines Künstlerpaares. Es ist ein Gesamtkunstwerk, das mehrere Bauten, Skulpturen und die Natur einbezieht. Das war von Anfang an die Idee, als Johann Michael Bossard 1911 mit dem Bau begann. Heute liegt das Anwesen mitten in einem Wald, alte Fotos zeigen, wie es vor 100 Jahren auf einer großen freien Fläche entstand. Der Kunstprofessor in Hamburg wollte hier eine Stätte der Einkehr schaffen, raus aus der Hektik der Stadt, zurück zum Leben in und mit der Natur. Mehrere Jahrzehnte arbeitete er gemeinsam mit seiner Frau Jutta, einer ehemaligen Schülerin, an der Vervollkommnung dieser kunstgewordenen Lebensidee. Über 6.000 Werke sind so entstanden, kaum ein Stein auf dem ganzen Grundstück, der nicht durch kreative Hände bearbeitet wurde. Zentraler Bestandteil ist der Kunsttempel, eine Lichtkathedrale nannte Bossard ihn. Bemalte Fenster, mythologische Symbole, expressionistische Raumgestaltung umfangen den Besucher, das Auge sieht sich satt.

Das ausgeprägt individuelle Weltbild des Künstlerpaares, das sich hier überall spiegelt, fordert den Besucher, überfordert manchen. Bossard selbst hat das antizipiert und empfahl, man möge sich einfach auf das eigene Empfinden und Gefühl verlassen; nicht immer nach dem Warum fragen. So begeht man erst zweifelnd, dann staunend diesen Ort, und es bleibt etwas haften: eine Ruhe, eine Symmetrie, Tausende Details. Und die Vorstellung von einem Paar, das sein gemeinsames Leben der Erschaffung eines besonderen Ortes gewidmet hat. Beide sind auf dem Grundstück unter einem Findling am Ende einer Monolithenallee begraben.

Der *Brookhoff* um die Ecke ist ein Bauernhof mit Dorfkrug, Backhaus und Wassermühle am Teich, natürlich mit Enten darauf. Köstliche, gemütliche Landidylle pur.

38

Kamelotta's Café
Ravener Dorfstraße 31
21388 Raven
04172 988481
www.kamelottas-cafe.de

SINNESFREUDEN IN PASTELL

Kamelotta's Café

Kamelotta's Café ist die eierlegende Wollmilchsau unter den Heide-Ausflugszielen: Hat man Lust auf Kaffee und wirklich guten Kuchen, ist man hier genau richtig. Möchte man sich am Anblick schöner Gartenideen berauschen, auch. Lieber ein bisschen shoppen, schöne Kleidung, originelle Accessoires? Oder doch lieber Bilder und Skulpturen angucken? Hin da!

Das klingt wie ein ausgefeiltes Konzept, ist aber charmanterweise einfach das erweiterte Lebensprinzip von Karin Melzer und Alex Machmar. Sie leben in dem Haus, ihr Café spiegelt ihren privaten Stil und die Essenz ihrer Leidenschaften wider. Ursprünglich haben sie in ihrem traumhaften Garten Märkte veranstaltet und ihre selbstgeschneiderte Kleidung angeboten. Farbenfrohe Mode, oft aus einem gewebten Stoff namens Kamelott geschneidert, dazu gab es selbstgebackenen Kuchen. Der Weg zum Spitznamen »die Kamelottas« war nicht weit, dann folgte das Café.

Das Prinzip ist einfach: Alles, was sie mögen, bieten sie ihren Gästen an. Geschmaust wird in pastellfarbenen Räumen; die beiden haben noch nie in weißen Wänden gewohnt. Geschmackssicher kombiniert das Paar die Farben mit schönen Möbeln, selbstgemalten Bildern und knubbelig-schrägen Keramikfiguren, auch aus der eigenen Werkstatt. Dazu ein Stück Torte auf rosa Geschirr, so hübsch, dass man es fotografieren möchte. Viel Werbung mussten die Frauen nicht machen: Nette Leute empfehlen den Ort netten Leuten – und so sitzt man immer in angenehmer Gesellschaft.

Dass eher Frauen sich von dieser Lebenswelt angesprochen fühlen, mag sein. Ein fröhliches Freundinnengeschnatter ist typisch für die Schlemmerfrühstücksrunden. Aber die Kamelottas haben festgestellt: Auch Männer mögen rosa. So mancher hat nach dem Cafébesuch schon mit einem Eimer bunter Farbe geliebäugelt.

Ausgesuchte Leckereien in kommunikativer Runde gibt es auch abends: Regelmäßig finden Überraschungsmenüs statt. Kunsthandwerkermärkte und Lesungen organisieren die Frauen ebenfalls auf ihrem Hof.

39

Freilichtmuseum am Kiekeberg
Am Kiekeberg 1
21224 Rosengarten/
Ehestorf
040 7901760
www.kiekeberg-museum.de

Museumsbauernhof Wennerstorf
Lindenstraße 4
21279 Wennerstorf
04165 211349
www.kiekeberg-museum.de

MUSEUM MAL ANDERS – SPASS MIT SINN

Freilichtmuseum am Kiekeberg

Der Kiekeberg ist die eierlegende Wollmilchsau unter den touristischen Attraktionen. Will man gemütlich spazieren gehen in schöner Natur, ist man hier richtig. Will man Stadtkindern Tiere zeigen, auch. Ebenso, wenn man gut essen möchte, herzhaft norddeutsch in *Stoof Mudders Kroog* oder Kaffee und Kuchen in der hauseigenen Bäckerei und Rösterei. Wer Kulturgeschichte erleben möchte, ist hier gut angekommen. Kurz: Das Freilichtmuseum ist mehr als ein Ausflugsort für einen Tag, eine Jahreskarte lohnt sich, so viel gibt es zu sehen und zu erleben.

Es gackert und grunzt, wenn man das Museum betritt. Schweine und Gänse begrüßen die Besucher. Alte Nutztierrassen bewohnen die historischen Gebäude auf dem Gelände. Seit über 60 Jahren kann man hier nachempfinden, wie die Menschen in der Lüneburger Heide früher lebten. 40 alte Bauernhäuser wurden wieder aufgebaut, dazu detailgetreu die Inneneinrichtungen bis zu den Pantoffeln vorm Bett. Vor den Häusern in den Beeten blühen Pflanzen aus Omas Garten.

Der Kiekeberg ist kein Museum, wenn man damit nur einen Ort zum Stehen und Angucken verbindet. Hier ist immer irgendwas und irgendwer in Aktion, und die Besucher sind mittendrin. Kleine Ferkel werden geboren, alte Häuser umgesetzt, im Agrarium kommt ein neuer Trecker unter und in den Kreativräumen wird genäht, gedrechselt, gefilzt. Vielleicht ist auch gerade Schlachtfest oder es läuft ein vegetarischer Kochkurs. Und am nächsten Aktionstag kann man Bierbrauen oder Brotbacken, Korbflechten oder Klöppeln lernen. Im schmucken Museumsladen liegen in den Jugendstilregalen liebevoll ausgesuchte Produkte; Kinderspielzeug aus längst vergangenen Tagen, Gartenutensilien und handgearbeitete Produkte aus der Region. Hand, Herz und Hirn sind an diesem Ort im Einsatz, bei den Machern genauso wie bei den Besuchern.

Das Freilichtmuseum betreibt zahlreiche Außenstellen, zum Beispiel den Museumsbauernhof Wennerstorf, der das Leben auf dem Land um 1930 erlebbar macht.

40

Schäfer Steffen Schmidt
unterwegs im Höpen bei
29640 Schneverdingen
0177 1583414

Buchung Schäfertag:
Schneverdingen Touristik
Rathauspassage 18
29640 Schneverdingen
05193 93800
www.schneverdingen-touristik.de

Hotel Camp Reinsehlen
Camp Reinsehlen 1
29640 Schneverdingen
01578 0652141
www.campreinsehlen.de

SCHNUCKEN GUCKEN IN DER HEIDE

Mit Schäfer Steffen Schmidt durch den Höpen

Als Kind verbrachte Steffen Schmidt die Ferien bei einem Onkel, der Schäfer war, da stand der Berufswunsch fest. Trifft man ihn jetzt in der Heide, sagt er mit Freude den Satz, den jeder gern sagen würde: »Ich habe meinen absoluten Traumjob!« Und dazu Traumfrau Wiebke, die auch Schäferin ist. Ist es ein Wunder, dass er ein zufriedener Mensch ist?

Jeden Tag zieht er mit seinen Schnucken und Hütehund Fine durch die Heide bei Schneverdingen. Wie viele Tiere es sind? Seine augenzwinkernde Lieblingsantwort: »Genau weiß ich es nicht, weil ich beim Zählen immer einschlafe.« Aber es sind wohl 200 grau-schwarze Schnucken; seine Kollegen nennt er sie, zusammen sind sie ein gutes Team, das sinnvolle Arbeit macht. Die Schafe sind nicht zur Erbauung der Urlauber da, sie sind wichtige Landschaftspfleger. Sie verbeißen die Heidesträucher, damit neue austreiben und nachwachsen können.

Solche Dinge erklärt Steffen Schmidt gern, wenn er angesprochen wird. Er mag es, wenn Besucher auf ihn zukommen, er kann amüsant und unterhaltsam von seinem Alltag erzählen. Der griesgrämige, schweigsame Schäfer, das ist ein Klischee von gestern. Im Höpen, seinem Revier, kann man eine Begegnung mit ihm planen: Von April bis Oktober treibt er jeden Tag gegen 10.30 Uhr die Herde aus und abends gegen 17.30 Uhr wieder ein. Felle und Heidschnuckenwurst hat er dann dabei und posiert bereitwillig für Fotos. Auch einen ganzen Schäfertag kann man mit ihm verbringen und dann fragend durch die Heide stapfen, die hier, hinter dem Camp Reinsehlen, besonders schön und weit ist. Da erfährt man, dass es bei jedem Wetter rausgeht, 365 Tage im Jahr. Und nein, einsam sei es nicht, man habe ja 200 Kollegen und seinen eigenen Kopf dabei, sagt Steffen Schmidt. Und wenn er der Fragen doch mal müde wird, regt er einfach an, dass die Besucher die Schnucken zählen …

Das Hotel Camp Reinsehlen liegt einsam-schön zwischen Heideflächen und weiten Wiesen. Aus den Zimmern guckt man direkt auf die Fläche, die der Schäfer mit den Schnucken kreuzt.

41

Eine-Welt-Kirche
Ernst-Dax-Straße 8
29640 Schneverdingen
05193 4130
www.eine-welt-kirche.de

Erdgeschichten
www.eine-erde-altar.de

Sand und Segen in der Kirche

Eine-Welt-Kirche

Wenn es nicht so despektierlich klänge, könnte man sagen, diese Kirche ist eine riesengroße Sandkiste – ein großer Holzbau mit sehr viel Sand darin. Die Geschichte geht so: 1999 wurde hier eine Kirche für die EXPO 2000 gebaut. Modern gedacht, modern gemacht, hoch ist sie, hell, mit viel Licht und Natur. Das an sich ist in der Gegend der Backsteinkirchen schon ein Hingucker. Und dann kommt der Altar dazu: ein dreiflügeliges ... ja, wie nennt man das? Regal wohl, denn darin stehen Hunderte durchsichtige Acrylglashüllen, buchähnlich. Wie breite CD-Hüllen beherbergen sie Sand aus aller Welt. Jeder kann Erde bringen oder schicken, gern mit der Geschichte, die er damit verbindet. Erde aus dem geliebten Garten ist dabei, Sand aus der Sahara, Boden aus Bergen-Belsen, wo die Eltern starben, vermischt mit deren kanadischer Heimaterde. Es ist ein Symbol, das weltweit und konfessionsübergreifend verstanden wird: die Erde. Boden. Muttererde von Mutter Erde. Heimat Globus. Es heißt, ein Vorbild war Heinrich der Löwe (1129/31–1195), der einst Erde, die er von einer Reise nach Jerusalem mitgebracht hatte, in den Altar des Braunschweiger Doms einmauern ließ.

Die Sandproben in Schneverdingen sind nicht chronologisch oder regional sortiert. Und so steht dort knallgelbe Schwefelerde aus Äthiopien ganz in der Nähe von Muschelsand aus St. Peter-Ording. Noch sind im Altarregal ein paar Plätze frei, die Sandbücher sind noch nicht alle gefüllt. Am Ende werden es 7.000 Erdspenden sein. Man kann also immer noch mit Erde nach Schneverdingen kommen, ein halber Liter ist eine gute Menge. Was nicht in die Bücher passt, landet hinter der Kirche auf einem Beet mit Pflanzen aus aller Welt. Wer weiß, vielleicht ist Weltsand ein guter Dünger, und es ist alles drin, was man braucht, um gesund zu wachsen?

In der Kirche und auf der Homepage der Gemeinde kann man die Geschichten nachlesen, die Erdspender erzählen – rührend, anrührend und poetisch sind viele davon.

42

Hilke Feldmann und Jan Glink sind das **Duo Bliss.** Sie treten immer wieder in der **KulturStellmacherei** auf.

Kulturverein
Schneverdingen e.V.
Oststraße 31
29640 Schneverdingen
05193 517559
04265 1414 (Duo Bliss)
www.kulturverein-schneverdingen.de

MUSIKALISCHE BEGEGNUNG MIT HERZ

Das Duo Bliss in der *KulturStellmacherei*

Bei Konzerten des Duos Bliss ist ein Platz in der ersten Reihe aus mehreren Gründen ein Lieblingsplatz: Man ist nicht nur dicht dran an den Künstlern; man kann auch ungesehen ein Tränchen verdrücken, sollte einen angesichts der schönen Melodien die Rührung übermannen.

Das Duo, das sind Hilke Feldmann und ihr Partner Jan Glink. Im richtigen Leben ist sie Physiotherapeutin, er ist Steinmetz. Aber vor und nach ihrer Arbeit sind sie Musiker. Erst haben sie nur in privatem Rahmen gemeinsam gesungen, dann für Freunde und inzwischen treten sie regelmäßig auf, für alle, die zu Fans geworden sind.

Ihre Musik, das sind ausschließlich Lieder, die sie selbst lieben. Irische und schottische Folksongs, deutsche Songs, die ihnen am Herzen liegen, mal auch ein plattdeutsches Lied. Gemeinsam ist ihnen, dass es meist um die Liebe geht. Eher leise als laut, eher Gänsehaut als wummernde Bässe.

Im Publikum sitzt oft eine erstaunlich heterogene Mischung an Musikfreunden. Ältere, die Oldies lieben, Reisende, die sich an Urlaube in Großbritannien erinnern, junge Leute, die Klassiker neu entdecken. Jens spielt Gitarre und singt, Hilke singt, spielt Flöte und die Konzertina.

Ihre Konzerte sind ein akustischer Genuss, so viel Ruhe und Sympathie schwappt von der Bühne. Aber es ist auch schön, einfach nur zuzuschauen, wie zufrieden die beiden sind, mit sich, mit der Musik, mit der Freude, die sie bereiten. Harmonie ist da nicht nur in den Tönen, sondern auch im Miteinander von Hilke und Jens. Immer mal wieder flechten sie Anekdoten ein von den Orten, an denen sie Lieder »gefunden« haben oder von Momenten, in denen ihre Lieder sie besonders bewegen. »Bliss« heißt übersetzt so viel wie Glückseligkeit und Wonne. Für einen Abend mit dem Musikerpaar ist es ein ausgesprochen gut gewählter Name.

Man kann das Duo Bliss auch für private Veranstaltungen buchen. Geburtstage, Hochzeiten oder einfach nur schöne Sommerabende lassen sich mit ihrer Musik auf das Angenehmste verzaubern.

48

Pietzmoor
Startpunkt Wanderung:
Heberer Straße 100
29640 Schneverdingen
05193 93800 (Tourist-Information)
www.lueneburger-heide.de

WO DIE BLAUEN FRÖSCHE QUAKEN

Pietzmoor

Wer in die Lüneburger Heide fährt, will gern lila Landschaften sehen. Und verpasst dadurch manch anderes Naturschauspiel; das Pietzmoor vor Schneverdingen zum Beispiel, das sollte man nicht umfahren auf der Suche nach dem lila Glück. Das gibt es hier ebenfalls, wenn auch in anderen Farben. Zwei Wanderwege führen durchs Moor, auf einem Holzbohlenweg kann man auf circa fünf Kilometer Länge dieses bizarre Stück Natur erleben. Lange wurde hier der Torf zur Brennstoffgewinnung abgebaut, dazu musste das Moor trockengelegt werden, erst spät im letzten Jahrhundert wurde mit der Renaturierung begonnen, um den natürlichen Wasserhaushalt wiederherzustellen. Dank dieser Maßnahmen hat sich hier ein Moorbiotop mit vielen seltenen Pflanzen und Tierarten entwickelt. Dazu gehört der Moorfrosch, der sich in der Paarungszeit aufrüscht, und zwar mit einer hellblauen Haut. Lange dauert das Spektakel nicht, und vermutlich haben mehr Menschen über diesen Frosch gesprochen, als ihn je gesehen haben.

Im Frühjahr lockt der Fruchtstand des Wollgrases Besucher an, dicke weiße Puschel wie aus Watte wehen dann im Wind. Eine Wonne, diese Zeit: Es riecht nach gegerbtem Leder und nach altem Holz, in der Luft ruft ein Kuckuck; Amseln, die Sonne getrunken haben, piepsen den Frühling an. Vorbei flirrt eine Libelle, die mit leisem Hubschraubersirren ihre schimmernden Flügel ins Licht hält, das erste Babybgrün leuchtet an den Birken, und dann flitzt auch noch eine Minieidechse über den Holzsteg. Da soll einem nicht lyrisch werden ums Herz? Es sei auch verziehen, dass die Frösche, die im Moor ihren Senf dazuquaken, dann einfach nur grün sind. »Wenn man glücklich ist, soll man nicht noch glücklicher sein wollen«, sagte Theodor Fontane. Möglich, dass es im Pietzmoor blaue Frösche gibt. Aber auch ohne sie ist man hier dem kleinen Ausflugsglück ganz schön nah.

Wer auf den lila Anblick nicht verzichten will: Am Pietzmoor beginnt das Naturschutzgebiet Osterheide mit langen Wanderwegen durch die Heidelandschaft.

44

Skulpturenpfad ab Kunstverein Springhornhof
Tiefe Straße 4
29643 Neuenkirchen
05195 933963
www.springhornhof.de

OPEN-AIR-KUNST IM HEIDEDORF

Skulpturenpfad ab Kunstverein Springhornhof

Fährt man durch Neuenkirchen, erwartet man nicht wirklich Kunst. Man sieht Gasthöfe, Tankstellen, Einkaufsstraßen. Und dann den Springhornhof am Ende einer schmalen Straße. Denn wer hat eigentlich gesagt, dass Kunst nur in große Städte gehört? Eine historische Hofanlange ist Ausgangspunkt für die Erkundung von Kunst in der Landschaft. Hier finden Ausstellungen statt, hier gibt es Informationsmaterial für die bevorstehende Kunstwanderung – und es gibt Leihfahrräder für den circa 20 Kilometer langen Rundweg zu den Außenobjekten um den Ort. Zu verdanken ist das Projekt einem Bochumer Galeristenpaar, das sich hier Anfang der 70er-Jahre künstlerisch austobte und den Rahmen des eigenen Hauses, des Spinghornhofes, schnell sprengte.

Inzwischen stehen, sitzen, liegen fast 40 Skulpturen in der Landschaft. Im Wald, an Wegen, an Seeufern und Heideflächen sind die Arbeiten frei zugänglich. Da staunt der Laie und der Fachmann wundert sich: Turmartig geschichtete Holzkristalle sieht man, Steine, die Geräusche machen, Schriftzüge vor Waldkulisse. Neue Perspektiven auf Natur und Landschaft sollen sich dem Betrachter eröffnen. Dazu gehört zum einen, dass die Sammlung sich erweitert, und vor allem, dass die Natur ihre Arbeit tut, alles verändert und verwittert. Der riesige Bodenspiegel von Valerij Bugrov zum Beispiel macht, was Spiegel mit der Zeit machen beziehungsweise was Zeit mit dem Spiegel macht: Er wird langsam blind. Bekommt Lebensspuren, wie wir alle.

»Ist das Kunst oder kann das weg?« – diese Frage beantwortet ein kurioses Ausstellungsstück: der *Park für unerwünschte Skulpturen* ist ein umzäunter Freiraum, in dem sich abgeliebte und abgelegte Objekte zusammenfinden. Die Lacher würden von den Wänden widerhallen, wenn es die denn gäbe. Aber der Skulpturenpfad ist ein Museum ohne Mauern.

Eine Außenstelle des Springhornhofes ist der *Parcours* in Reinsehlen. Dort stehen weiße, sich windende Bänke. Da geht es auch so schön auf und ab wie im Leben.

45

Iserhatsche
Nöllestraße 40
29646 Bispingen
05194 1206
www.iserhatsche.de

DAS NEUSCHWANSTEIN DES NORDENS

Heide-Kastell und Landschaftspark *Iserhatsche*

In der Geschichte von *Alice im Wunderland* folgt ein Mädchen einem weißen Kaninchen und landet an einem Ort voller wunderlicher Dinge und kurioser Figuren. Auf der *Iserhatsche* in Bispingen hoppelt niemand vorweg, auf Ungewöhnliches trifft man hier trotzdem. Früher war es mal ein großes Jagdhaus, umgeben von einem üppigen Grundstück. Seit der Berliner Malermeister Uwe Schulz-Ebschbach es gekauft hat, tobt er sich auf dem Gelände aus und macht es zu Niedersachsens Neverland-Ranch.

»Wer Visionen hat, soll zum Arzt gehen«, riet Altbundeskanzler Helmut Schmidt einst, aber er kannte den *Iserhatsche*-Besitzer nicht. Der packt seine Visionen und setzt sie einfach in die Tat um. So schuf er zum Beispiel ein kleines Schloss, aus dessen Turm ein künstlicher Vulkan ausbricht, auf Knopfdruck. Oder einen Eisenbaum mit handgegossenen Glocken, der in einem gepflegten Barockgarten seine metallenen Äste ausstreckt. Zum bunten Ensemble gesellen sich auch eine Kronkorkensammlung, ein riesiger Rittersaal mit handgeschnitzten Möbeln und ein extravagantes Trauzimmer für Heiratswillige; nur sehr Mutige geben sich hier das Jawort, da muss man nicht nur an die Liebe glauben.

Wie das alles zusammenpasst? Gar nicht! Ein Gesamtkonzept mit übergeordnetem Prinzip: Fehlanzeige. Ist das Ganze kitschig? Und wie! Hat es mit Kunst zu tun? Vielleicht. Ist da ein Verrückter am Werk? Schon möglich. Aber denken Sie an Alice, die nach ihrem Wunderlandbesuch fürchtet, den Verstand verloren zu haben. Und beruhigt wird: selbst wenn, das mache eben die Besten aus. Genießen Sie die *Iserhatsche* einfach wie Alice: gucken, staunen, große Augen machen. Vielleicht auch den Kopf schütteln. In jedem Fall nehmen Sie Eindrücke mit, von denen Sie beim Abendbrot erzählen können. Eindrücke von Tatendrang und davon, wie man seine Träume lebt.

Bispingens erstaunliche Ansammlung touristischer Highlights: ein Haus, das auf dem Kopf steht, ein Snowdome, eine Kartbahn, eine Badebucht. Bitte aussuchen.

46

Spielmuseum Soltau
Poststraße 7
29614 Soltau
05191 82182
www.spielmuseum-soltau.de

Felto – Filzwelt Soltau
Marktstraße 19
29614 Soltau
05191 9754943
www.filzwelt-soltau.de

EIN HAUS VOLLER KINDERTRÄUME

Spielmuseum

Was wohl heute an der der großen Kreuzung in Soltau stünde, wenn Hannelore Ernst in den 70er-Jahren nicht eine Puppe bei einer Haushaltsauflösung erstanden hätte? So fing alles an, heute steht dort das in eine Stiftung übergegangene Spielmuseum. Imposanter Neubau ist ein fliegendes Klassenzimmer, das fast über der Straße zu schweben scheint.

Die Puppe war das erste Teil einer privaten Sammlung, die wuchs und wuchs, immer häufiger wurden der Soltauerin Kindheitsschätze zugetragen. Es erwachte ihr Interesse an den Geschichten der Objekte: Wem gehörte die Puppe? Wer hat die aufgemalten Gesichtszüge abgeliebt? So entstand im Laufe der Jahrzehnte eine kleine Kulturgeschichte des Spielens und des Spielzeugs.

Viel Herzblut und Liebe zum Detail sind der Ursprung des Museums, das merkt man ihm auch 40 Jahre später noch an. Dass es spielerisch funktioniert, liegt vermutlich an der Materie. Anfassen und Mitmachen sind hier nicht nur erlaubt, sondern ausdrücklich erwünscht. Geduldsspiele warten in allen Ecken auf die Besucher, Masken und Kostüme wollen angezogen werden. »Das hatte ich früher auch mal«, hört man oft auf den drei Ebenen der Ausstellung, etwa bei dem 50er-Jahre-Schulpult oder der Teddysammlung. »Das hab ich noch bei Oma gesehen«, ebenfalls. Aber bei vielen Exponaten ist das gar nicht möglich: Das älteste Stück ist fast 400 Jahre alt; es ist ein Verwandlungsspiel aus dem Jahr 1647. Nicht zu allen Zeiten gehörte Spielzeug zum Freizeitglück der Kinder. Oft war es Statussymbol, oft Lehrmittel – so wie die Schaukästen eines Apothekerladens oder einer Confiserie –, hier lernten die Kinder schon früh, was sie in der Arbeitswelt erwartete. Alles, was Kinderherzen über fünf Jahrhunderte lang hat höher schlagen lassen, ist hier zu sehen: Eisenbahnen und Kaufmannsläden, Puppen und ihre Häuser, Murmeln und Marionetten, angefüllt mit Kinderträumen.

Noch mehr Spiel gibt es in der *Filzwelt* um die Ecke. In einem alten Lagerhaus fasziniert eine Experimentierwelt rund um den Naturstoff.

47

Breidings Garten e.V.
Breidingsgarten 5
29614 Soltau
04183 6633
www.breidings-garten.de

EIN GARTEN IN SELIGEM SCHLUMMER

Breidings Garten

Breidings Garten hat lange geschlafen. Er ist in der Wachwerdphase und noch ist es nicht sicher, wie der Tag wird. Das hängt davon ab, wie sehr man ihm auf die Beine hilft.

Vor 150 Jahren muss dies ein prächtiges Anwesen gewesen sein. Bettfedern hatten der Soltauer Familie Röders zu Reichtum verholfen. In der Folge wurden die Söhne der Familie auf Firmen in der Welt verteilt. Hier, in Soltau, traf man sich im Sommer, in einem romantischen Refugium, auf einem traumhaften Anwesen für die Großfamilie, das immer weiter wuchs und an allen Ecken und Enden mit liebevollen Details und Gartenelementen versehen wurde. So steht sie noch da, die Villa Breiding, ein in die Jahre gekommener Prachtbau im italienischen Stil, umgeben von einem englischen Landschaftspark und einer künstlichen Ruine an einem See. Auf alten Postkarten ist ein Kitschidyll zu sehen, bei dem weiße Schwäne im Wasser das Bild abrunden.

Eine wechselvolle Geschichte trieb die Familie um, mehrteilige Filme für das Unterhaltungsfernsehen ließen sich darüber drehen. Am Ende war kein Geld mehr da für den Erhalt des Anwesens, der lange Schlaf begann. Besucht man es heute, fährt man durch eine Straße mit vielen Mehrfamilienhäusern, bevor man in einer Oase der Ruhe landet. Ein Förderverein kümmert sich nun um die Zukunft des Grundstückes. Erst mal wurde der riesige Garten renaturiert, gewaltige Rhododendrenwände und hundert Jahre alte Bäume beschnitten, alte Wege wieder eingefahren. Schon heute nutzen die Soltauer den Garten als Naherholungsgebiet, liegen mit Decke und Buch am Rande der Böhme, die am Grundstück entlangfließt. Der Förderverein hat noch viel vor: Früher gab es zwei Brücken zu der kleinen Insel im See, darauf einen Teepavillon. Bezaubernd muss das gewesen sein. Dieses Bild haben die Unterstützer im Kopf. Irgendwann soll man von dort wieder Teegeschirr klappern hören.

Zu allen Jahreszeiten finden Führungen durch den Garten statt. Auch das Haus mit der großen Terrasse kommt bei Konzerten und Opernaufführungen zum Einsatz.

48

Chilli Manufaktur
Dannhorn 5a
29614 Soltau
05191 18223
www.die-chili-manufaktur.de

SCHARFE SCHOTEN IN OMAS GARTEN

Chilli Manufaktur

Wer frisch verliebt ist, macht tolle Sachen. Dem Liebsten Brote schmieren für den Arbeitstag zum Beispiel. So war das auch bei Susanne Menke und ihrem Freund Ryan. Nur mag der keine Butter, darum probierte sie in der Küche herum, bis sie einen scharfen Aufstrich erfunden hatte. Das war der Anfang der *Chilli Manufaktur.* Ein paar Jahre später ist daraus der erste Hof in der Lüneburger Heide geworden, auf dem die scharfen Schoten wachsen, verarbeitet und zum Kauf angeboten werden.

Eigentlich ist Susanne Menke Maler- und Lackierermeisterin, aber auch Mutter von zwei Jungen, für die sie gern mehr Zeit hätte; da kam die Idee mit der südamerikanischen Schote gerade recht.

In dem Elternhaus von Susanne und auf dem großen Grundstück war Platz zum Ausprobieren, und so hat sie einfach ein paar Chilisamen in die Erde gesteckt. Inzwischen kann sie auf die häufig gestellte Frage: »Und so eine sonnenverwöhnte Pflanze wächst und gedeiht in Norddeutschland?« nicht nur beherzt mit Ja antworten, sie zeigt dann einfach die Felder hinter dem Haus, auf denen die grünen Pflanzen in langen Reihen stehen, im Sommer üppig behangen mit roten, grünen und lila Schoten. Weil noch Platz war, hat Susanne nebenan bunte Sommerblumen ausgesät, die fröhlich durcheinander blühen wie früher in Omas Garten. Wer eine Chilipflanze für den heimischen Garten mitnimmt, bekommt von der Fachfrau viele Tipps zum erfolgreichen Wachstum und auch Rezepte mit auf den Weg. Besucher können scharfe, würzige und fruchtige Chilipasten und Chutneys auf dem Hof kaufen und dazu einen Arm voll Blumen, selbst geschnitten auf der Wiese. Freund Ryan lebt übrigens inzwischen woanders. Geblieben ist Susanne Menke von der Zeit mit ihm so einiges: Ein Tattoo auf dem Fuß, das er gestochen hat, mit den Namen ihrer Söhne darauf. Und eine wunderbare Geschäftsidee, mit der sie zur Chilifrau der Lüneburger Heide geworden ist.

Im Juli und August verwandelt sich der Hof an den Wochenenden in ein kleines Café mit süßen und herzhaften Kuchen, gebacken in einem hundert Jahre alten Holzofen.

49

LandHaus Zum LindenHof
Hauptstraße 18
21439 Marxen
04185 4182
www.landhaus-zum-lindenhof.de

Feuerwehrmuseum Marxen
Hauptstraße 20
21439 Marxen
Ansprechpartner ist das Freilichtmuseum am Kiekeberg
04079 01760
www.kiekeberg-museum.de

GUT ESSEN IN WOHLFÜHLATMOSPHÄRE

LandHaus Zum LindenHof

Unaufgeregt und entspannt ist die Atmosphäre, wenn man den *LindenHof* in Marxen betritt. Zusammen mit der Jacke kann man gleich an der Garderobe Tempo und Unruhe ablegen.

Rebecca Gieser-Neven und ihr Mann Thomas haben das Gastgeben im Blut. Er ist lange gastronomisch durch die Welt gereist, sie ist in diesem Haus groß geworden. Schon seit 200 Jahren ist der *LindenHof* eine Schankwirtschaft, bereits in siebter Generation in Familienhand. Nicht alles, was man schon lange tut, kann man gut. Aber im *LindenHof* herrscht große Professionalität, gepaart mit freundlicher Zugewandtheit.

Familie Gieser-Neven wohnt unterm Dach. Es kommt vor, dass man die Kinder im Flur trifft oder Mutter Rebecca mit Aktenordner unterm Arm kurz an der Theke vorbeikommt. In der Küche ist Thomas der Chef. Die traditionelle Heidjerküche führt er fort, Tradition spielt in diesem Haus eine bedeutende Rolle, aber er versieht sie mit modernem Pfiff. So stehen neben Bratkartoffeln auch feine Besonderheiten auf der Karte, appetitlich angerichtet. Ein kurzer Blick auf seinen Arbeitsplatz sei empfohlen: Eine so blitzsaubere Küche spricht für sich. Aufgeräumt wirken die Gieser-Nevens zudem als Paar, als 24-Stunden-Team muss man gut organisiert sein. Unterstützung gibt es von Rebeccas Eltern, die gern nochmal einspringen. Wer will, kann bleiben, denn im ersten Stock gibt es Gästezimmer; in einem Raum war früher die Weihnachtsstube der Familie.

In den letzten Monaten des Jahres weht ein besonders würziger Brutzelduft durch Haus und Küche – der Gänsebraten à la *LindenHof* ist weit über die Grenzen der Lüneburger Heide hinaus bekannt.

Die Chefin hat auch ein Kreativtalent: Die witzigen Kuhmotive auf den Bierdeckeln hat sie selbst gemalt. Sie sind eine schöne Erinnerung an einen Abend bei netten Menschen mit gutem Essen.

Wer kleine, feine Museen zu schätzen weiß, ist im Feuerwehrmuseum Marxen richtig. Bei Führungen erfährt man viel über die wichtige Rolle der Feuerwehr in den Heidedörfern.

50

HPs Kuri-Seum
Eulenkamp 10
21385 Amelinghausen
04132 8171
www.hps-kuri-seum.de

Café im Speicher
Hofweg 1 – Hof Etzen
21385 Amelinghausen
04132 8888
www.cafe-im-speicher.info

EIN MANN, EIN MUSEUM, EIN WAHNSINN

Kuri-Seum

Er trägt als Ohrring eine Miniquietscheente; nur eine, im linken Ohr. Das ist der erste Hinweis, dass Hermann Petersen einen eigenen Geschmack hat und ihn auslebt. Sein *Kuri-Seum* – ein Kunstwort, von seiner Frau erdacht, zusammengesetzt aus »kurios« und »Museum« – ist der beste Beweis. Er ist Sammler aus Leidenschaft. Dass es sich möglicherweise um eine harmlose Sucht handelt, will er nicht verhehlen. Worauf genau sich sein begehrlicher Blick stürzt, ist schwer zu definieren: »Alles, was ein bisschen verrückt ist«, sagt er, ist der gemeinsame Nenner. 600 Uhren waren es am Anfang, dann baute sich der Maurermeister eine Halle, hier passt nun auch kein Blatt Papier mehr hinein. Auf einer Führung mit Besuchern erzählt er zu jedem Schatz vom Flohmarkt oder aus dem Internet eine Geschichte. Zu den DDR-Memorabilia in der einen Ecke, zum alten Blechspielzeug in der anderen und zu der medizinischen Abteilung. Dort liegen eine Augenprothese, ein künstliches Hüftgelenk und eine Geburtszange von 1950. Neben einer Hammersammlung (die nennt er »Meinungsverstärker für die Hausfrau«) finden sich sehr seltene Objekte: eine Zeitung vom Todestag Marilyn Monroes. Vom Papst gesegnetes Weihwasser. Und eine Eintrittskarte zum World Trade Center.

Draußen geht der Spaß weiter. »Eine Nachbarin dachte anfangs, ich wolle einen Fahrradladen aufmachen«, lacht Hermann Petersen. Kein Wunder: Ein-, Zwei-, Dreiräder in großer Zahl stehen neben einem Trabbi, bewacht werden sie von Schaufensterpuppen und Plastikaliens. Natürlich hat hier alles vor allem sentimentalen Wert, aber nicht nur: »Andere fahren einen Porsche«, schätzt er seine Sammlung. Andere verstehen darum auch oft nicht, was das soll. Aber das stört keinen großen Geist. Hermann Petersen ist unbeirrbar. Und zufrieden. Schon morgen kommt wieder ein Paket mit neuem alten Kram. Noch ist Platz auf dem Grundstück.

Auf so viel Sammlung braucht man Kuchen: Im *Café im Speicher* gibt es ihn hausgemacht. Und nebenan ein kleines Hofmuseum zur landwirtschaftlichen Geschichte.

51

Gut Bardenhagen
Bardenhagener Straße 3–9
29553 Bienenbüttel/
Bardenhagen
05822 940320
www.gut-bardenhagen.de

Deerberg Laden Velgen
Velgen 35
29582 Hanstedt
www.deerberg.de

So nobel und nett wie Downtown Abbey

Gut Bardenhagen

Haben Sie auch so ein besonderes Kleidungsstück im Schrank, das viel zu selten ausgeführt wird? Weil es zu wenig Gelegenheiten gibt, um es angemessen zu präsentieren? Dann entmotten Sie den feinen Zwirn, gönnen Sie sich und Ihrer Klamotte Licht, Luft und Luxus und fahren Sie gemeinsam zum Gut Bardenhagen. Dieser Gutshof am Stadtrand von Lüneburg ist ein Ort für Menschen mit Geschmack und Freude an originellem Design. Hier kann man vorzüglich speisen, fürstlich übernachten und ein Ambiente schnuppern, das den Alltag weit in den Hinterkopf rücken lässt. Lange lag das Gut in einem tiefen Dornröschenschlaf; ein Areal mit mehreren alten Gebäuden, das langsam vor sich hin rottete. Dann kämpften sich neue Besitzer, die Vorgänger der Inhaberfamilie Jaworski, durch die Spinnweben und das marode Gebälk – und küssten es wach, beherzt und entschieden. Starke Farben mischen sich mit klarem Design und nordisch-kühlen Elementen, asiatische Einflüsse dürfen auch noch mitspielen, das ist frisch und elegant zugleich.

Familie Jaworski hat das Gut noch familientauglicher gestaltet und lädt zum *Candlelight- & Kids-Club* ein. Während die Eltern ein Fünf-Gänge-Menü genießen, werden die Kinder separat bespaßt und umsorgt, mit eigenem Kinderbuffet. So einfach wie überzeugend.

Der sieben Hektar große Garten ist eine Pracht mit seinen üppigen Staudenbeeten und rankenden Rosen. Der Hausherr werkelt gern in den Beeten, da bricht ihm kein Zacken aus der Krone. Die Besitzer halten hier nicht Hof, sie leben und beleben ihr Anwesen wie ein modernes Zuhause mit den Gästen. Gut Bardenhagen ist eine beliebte Kulisse für Hochzeiten und Konzerte. Radfahrer, die auf ein Bier vorbeikommen, sind ebenfalls willkommen, gern auch in Turnschuhen, Dünkel gehört nicht zum guten Ton. Barfuß oder Lackschuh, Jeans oder Abendkleid, es ist alles erlaubt. Aber im Zweifel doch ein bisschen mehr Abendkleid.

Um die Ecke liegt der Modeladen Deerberg in einem schnörkeligen Schwedenhaus – die bunte Skandimode lockt Freundinnenrunden zum ausgiebigen Shoppingbummel.

52

Skulpturenpfad Bienenbüttel
Startpunkt: Kanuanleger/ Ilmenauhalle
29533 Bienenbüttel
05823 98000 (Gemeinde Bienenbüttel)
www.kunstraum-ilmenau.de

Fam. Burmester-Müller
Im Dorfe 12
29553 Bienenbüttel-Niendorf
05823 342
www.rosengarten-niendorf.de

Alles am Fluss

Skulpturenpfad

Das Leben kann ein langer, ruhiger Fluss sein, wenn man an der Ilmenau spazieren geht. Parallel zum Fluss verläuft ein Pfad, Naturidylle pur. Und seit einigen Jahren dazu noch Kunsterlebnisraum. Zwölf Skulpturen stehen am Ufer. Natur und Kunst gemeinsam entdecken und genießen, so kurz, so knapp, so verständlich ist die Idee.

Der Pfad beginnt am Kanuanleger Bienenbüttel, ein etwa fünf Kilometer langer Spaziergang führt vorbei an allen Skulpturen. Sie sind aus Holz, Stein, Kunststoff, es sind Figuren und Objekte, die den Wind einfangen, da sitzt ein Mann auf einer Bank, der den Nachbarn empfängt. Alle haben einen Bezug zur Umgebung. Alles fließt: das Wasser, die Gedanken, die Zeit. Auch nicht geplante Sehenswürdigkeiten finden sich am Weg – ein Baum unweit des Kanuanlegers zum Beispiel ist lediglich vom Künstler Natur bearbeitet worden; in seiner knorrigen Form erinnert er an die Faultiernervensäge Sid aus dem Film *Ice Age.* Lässt man den Blick über Skulpturen und Fluss hinweg ans andere Ufer schweifen, guckt man in die Gärten der Anlieger am Wasser, auf bewegte Lebenskunst, nicht inszeniert: Sitzt ein Mann an einem heißen Sommertag auf dem Steg, die Beine baumelnd im Wasser, links und rechts eine Flasche Bier. Unterhält sich eine Frau mit ihrem Hund, bevor sie zur Abkühlung in die Ilmenau taucht.

Müde vom Spaziergang, angefüllt mit Eindrücken, empfiehlt sich ein Abstecher: Bienenbüttel ist ein beschauliches Städtchen mit erstaunlich rührigem Publikum. Die Ortsmitte ist belebt wie ein Bierstand auf einem Musikfestival. Ein Anziehungspunkt ist die Markthalle Bienenbüttel. In verschiedenen Läden unter einem Dach kauft man Obst und Gemüse aus der Region und viele schöne Sachen für kleine und große Menschen, ein gutes Restaurant gehört ebenfalls zu dem geschmackvollen Ensemble mit modernem Ambiente. Alles am Fluss.

Gartenfreunden empfiehlt sich ein Abstecher nach Niendorf in den historischen Rosen- und Bauerngarten auf dem Hof Burmester. Stauden. Rosen. Kräuter. Ein Traum.

58

Feldsteinkirche in Hanstedt

Der **Schöpfungsweg** beginnt am **Kloster Ebstorf**
Kirchplatz 10
29574 Ebstorf
05822 2304
www.kloster-ebstorf.de

Verkehrsbüro Ebstorf
Winkelplatz 4a
29574 Ebstorf
05822 2996 (Touristinformation)
www.urlaubsregion-ebstorf.de

NATUR, KULTUR UND KUNST AUF ALLEN WEGEN

Wege der Besinnung

Manchmal kriegt man schlechte Laune und Stress mit einfachen Mitteln in den Griff, bei Frauen bisweilen sogar mit einem neuen Lippenstift oder einem Paar bunter Gummistiefel. In hartnäckigen Fällen hilft eine kurze Auszeit, Ruhe in hoher Dosis – man nehme einen ausgedehnten Spaziergang auf einem der Besinnungswege, drei an der Zahl, rund um Ebstorf zu finden.

Der *Auferstehungsweg* beginnt in Hanstedt 1 an der Feldsteinkirche. Schon hier im Ort ist kaum mehr zu hören als mal ein Trecker oder die Kirchturmuhr. Wallendes Blut senkt sich in der Kirche, die in ihren Ursprüngen über 1.000 Jahre alt ist. Wuchtig und urwüchsig steht das dicke Gemäuer da, das wirkt. Hier beginnt der knapp viereinhalb Kilometer lange Pfad, der nach Ebstorf führt und am Kloster endet.

In der Tradition von Pilgerpfaden sind in schöner Landschaft 13 Stationen gestaltet, Bilder des Künstlers Werner Steinbrecher zeigen die Auferstehungsgeschichte und laden zur Meditation ein. Für Gläubige ist es ein gewandertes Gebet, aber auch alle anderen sind angesprochen. Schließlich geht es um die großen Themen: Leben und Tod, was kommt danach, woran glaube ich? Nicht selten kommen Wanderer vor den Bildern miteinander ins Gespräch. Manche Gruppen lesen sich gegenseitig die Texte vor, andere lassen sich allein inspirieren. Zeitgenössische Kunst, Glaube und Natur in einem zu erleben, das ist das Angebot. Wer nur einen Teil davon braucht, wird hier auch fündig.

In Ebstorf beginnt – sinnigerweise am Kloster – der *Schöpfungsweg*. Er ist fast sechs Kilometer lang und führt über neun Bilderstationen bis zum *Arboretum* nach Melzingen. 15 Bilder der heimischen Künstlerin Frauke Thein auf dem *InspirationsWeg* führen zurück nach Hanstedt. Der Name ist Programm. Mit mehr Sinn im Gepäck kehrt man von allen Wanderungen heim – das Jakobsweg-Gefühl stellt sich ganz einfach vor der Haustür ein.

In Ebstorf treffen sich die Wege. Die Attraktion im Kloster ist die Weltkarte, unbedingt angucken – die Welt im Mittelalter als Wandbild auf Pergament.

54

Arboretum Melzingen
Wittenwater Weg 23
29593 Schwienau
www.arboretum-melzingen.de

EIN GARTEN DER BÄUME UND TRÄUME

Arboretum Melzingen

Der Rucksack muss ein wichtiges Utensil im Leben von Christa von Winning gewesen sein – wo andere Frauen Schuhe und Kosmetik als Andenken verstauen, brachte sie von ihren Reisen Säckchen voller Samen und Sprösslinge mit nach Hause. 800 Arten hat sie auf über 70 Gartenreisen durch die ganze Welt zusammengetragen und in Melzingen auf verwunschenen Gartenpfaden angebaut. Ein Mammutbaum aus Kalifornien ist dabei, ein Blauglockenbaum aus China. Im Tannenweg duftet es so intensiv nach Nadelbäumen wie sonst nur in der Sauna nach einem Kräuteraufguss.

Am Anfang war der Kirschapfel. Den trug die Baumfreundin im ersten Rucksack, als sie zum Kriegsende mit ihrem Mann und vier Töchtern in die Lüneburger Heide floh. Sie pachtete ein Stück Land und baute Gemüse an, um die Familie zu ernähren. Auf dem Ebstorfer Wochenmarkt verkaufte sie in den 60er-Jahren ihr Gemüse und bunte Blumen, im eigenen Garten selbst gepflückt und mit großen Blättern zu farbenfrohen Sträußen zusammengebunden. »Sehr ungewöhnlich in einer Zeit, als ein Strauß mit fünf blassen Nelken und einem Zierspargel dazwischen der letzte Schrei war«, erinnert sich Henning Ahrens, heute ehrenamtlicher Mitarbeiter im *Arboretum.* Am Ausgang kann man Pflanzen aus dem Garten kaufen, dort steht auch eine Büste der Schöpferin, die Herr Ahrens als »stolz, aber bescheiden« erinnert. Ein Foto von ihr zeigt eine weißhaarige Dame mit einem fast verschmitzten Lächeln in einem schön gealterten Gesicht. Vor einigen Jahren ist sie 100-jährig gestorben und hat sich doch unsterblich gemacht in Tausenden Pflanzen. Gern hätte man diese Frau kennengelernt. Gern nimmt man eine der Lilien oder eine Montbretie mit, um ihr Lebenswerk auch im heimischen Garten weiterwirken zu lassen. Dass man ihre Pflanzen wieder hinausträgt in die Welt, das hätte Christa von Winning bestimmt gut gefallen.

Im ehemaligen Hühnerstall ist heute ein Café untergebracht – geschmackvoll und appetitlich – das gilt für die Einrichtung wie für die hausgemachten Kuchen.

55

Jahrmarkttheater
Bostelwiebeck 24
29575 Altenmedingen
05807 979971
www.jahrmarkttheater.de

GROSSES DORFTHEATER

Jahrmarkttheater in Bostelwiebeck

Wären die Mieten in Hamburg nicht so hoch, gäbe es das Jahrmarkttheater vielleicht nicht. Weil eine große Wohnung in der Stadt zu teuer war, suchten Anja Imig und Thomas Matschoß auf dem Land. Sie fanden einen alten Bauernhof zwischen Lüneburg und Uelzen, und so zogen sie nach Bostelwiebeck, Katzen, Hund, Hühner und zwei Schweine gesellten sich schnell dazu. Dass sie Theater machen würden, war von Anfang an klar, beide waren lange auf verschiedenen Hamburger Bühnen erfolgreich. Aber wie ein kreatives Leben in einem Dorf mit 46 Einwohnern aussehen könnte, dafür gab es noch keine Idee. Im Rückblick sieht es ein wenig nach Fügung aus, wenn man daran glauben will, so harmonisch gestaltet sich nach ein paar Jahren das Jahrmarkttreiben.

Alles begann mit Open-Air-Aufführungen in einem Nachbarort. Für ein paar Wochen im Sommer wurden dort Wiesen zu Parkplätzen und der Hof zu einer großen, fröhlichen Shakespeare-Bühne. Inzwischen nutzen sie ihren heimischen Hof für grandiose Sommerspektakel, bei denen alle Bewohner involviert sind. Menschen auf und neben der Bühne, Schweine, die zur Begüßung grunzen, Hühner, die während der Aufführung durch die Stuhlreihen laufen. Wer Bühnenstücke als langweilig und unverständlich in Erinnerung hat, wird hier bekehrt: So viel professionelle Spielfreude gepaart mit originellen Ideen, da hätte man gern mehr Hände zum Klatschen!

Das niveauvolle Unterhaltungstheater gibt es nun auch im Winter: Im heimischen Kuhstall lag noch Sandboden, aber es sprach nichts dagegen, ihn zu einem Saal mit 99 Plätzen umzubauen. Dort werden nun im Winter meist selbstgeschriebene Stücke gespielt. Stücke, die so sind wie das Leben, sagt Thomas Matschoß: mal traurig, mal lustig und voller verrückter Wendungen. Vor Publikum, das lacht, weint und klatscht. Von Eingeweihten gibt es einen kleinen Extraapplaus dafür, dass das Wohnen in Hamburg so teuer ist.

In ihrem Zuhause in Bostelwiebeck bietet das Paar auch Räume für Workshops an. Theater, Tanz, Therapie. Lernen, Spielen, Feiern. Alles ist möglich.

56

Heimat- und Trecker-museum Scharnhop
Niendorf 1 Nr. 2
29591 Römstedt
05807 248
www.hof-scharnhop.de

Swin-Golf
Niendorf Nr. 1
29591 Römstedt
05807 207
www.mayerhof-schenk.de

Heimat für alte Trecker

Heimat- und Treckermuseum Scharnhop in Niendorf

Jürgen Scharnhop mag alles, was brummt. Motoren, Maschinen, Trecker faszinierten ihn schon als Kind. Und als er viel später im Leben wieder dieses Geräusch hörte, diesen unverwechselbaren Klang eines Lanz Bulldog, dieses Bubbubbub, da war klar, dass er so einen würde besitzen müssen. Das ist fast 25 Jahre her, 40 Stück hat er inzwischen, »sammelt sich so an«, behauptet er, als spräche er von einzelnen Socken. Einen hat er getauscht gegen ein selbst gebautes Kinderkarussell. Selber machen kann der Landwirt so einiges mit seinen Händen: »Ein Glück, dass ich so viele Talente hatte«, sagt er und meint es ganz bescheiden. Denn natürlich gingen ungezählte Arbeitsstunden in die Restaurierung der guten alten Stücke. »Geht nicht, gibt's nicht«, ist sein Lebensprinzip, »außer Fingerhandschuhe über Fausthandschuhe zu ziehen«.

Weil er einen Sinn für Dinge von früher hat, brachten Nachbarn ihm auch anderes Kellergerümpel. Nähmaschinen und Schreibmaschinen, Saftpressen und Radios reihen sich aneinander wie in einem Requisitenfundus der Nachkriegszeit. Nun dürfen sie auf dem Scharnhop'schen Dachboden noch eine Generation weiterleben.

Wenn Besucher sich ungefähr so sehr begeistern für seine Maschinen wie er selbst, packt Jürgen Scharnhop noch einen obendrauf, dann macht er Geräusche. Dann kann man das Anlassen eines Lanz Bulldogs miterleben. Dafür wird er zehn Minuten vorgeheizt und am Lenkrad angeworfen. Ob Jürgen Scharnhop wohl jemals unterm Weihnachtsbaum so glücklich gestrahlt hat wie in diesen Momenten?

Die Traktoren sind Ausstellungsstücke, werden aber nicht nur angeguckt. Zu seiner zweiten Hochzeit fuhr Jürgen Scharnhop mit einem Trecker, und jedes Jahr holt er den Lanz Bulldog raus, um mit ihm 120 Kilometer zu einem Treffen zu tuckern. Das ist eine reine Genusstour, er allein mit seinem Gefährt und diesem schönen Bubbubbub.

Kennen Sie Swingolf? Eine Mischung aus Golf und Minigolf, neu – vielleicht ein Trend –, sehr unterhaltsam. Auszuprobieren auf einer Wiese am Ortsrand.

57

Kloster Medingen
Klosterweg 1
29549 Bad Bevensen
05821 2286
www.kloster-medingen.de

Klosterleben mit Kunst und Kultur

Kloster Medingen

Noch ein Kloster. Niedersachsen ist Klosterland. Sechs solcher historischer Bauten gibt es hier noch, gern werden sie auch mal als die Heideklöster bezeichnet. Es ist mit diesen Orten wie mit Geschwistern: Einige Charakterzüge haben sie gemeinsam, das gehört zum Erbe, aber jedes hat etwas Besonderes, das es von den anderen unterscheidet.

Auch in Medingen wohnen Konventualinnen in christlicher Gemeinschaft. Sie betreuen die Kunstschätze und führen Besucher durch die Anlage. Bei den öffentlichen Gottesdiensten in der Klosterkirche St. Mauritius tragen sie ihr Ornat, die Respekt einflößende Amtstracht aus schwarzer Spitze mit weißen Handschuhen. Auch beeindruckend an kalten Wintersonntagen: Die Kirchenbänke sind beheizt.

Zu den Gebäuden gehört ein großes Gartengelände, »Damengärten« nennen die Bewohnerinnen die Parzellen, die sie dort jede für sich bewirtschaften. Je ein Drittel Gemüse, Blumen und Rasen – so teilte man früher die Beete ein. Heute geht es bunter zu; die meisten Konventualinnen haben sich für die Blumen entschieden, Rosen gehören zu den Favoriten. Charmante und sehr persönliche Refugien sind so entstanden. Einladend sehen sie aus, die kleinen Holzlauben und Gartenhäuschen mit Bänken und Brunnen. Man kann sich gut vorstellen, wie die Damen hier nach einem Gottesdienst verweilen und gemeinsam oder allein einem guten Gedanken nachgehen. Die hier spürbare Stille gehört zum privaten Klosterleben; darum sind die Stücke Land nur im Rahmen der Tage der offenen Gartenpforte zu besuchen. Neben der Gartenkunst hat auch die Musik einen festen Platz im Kloster Medingen gefunden. *Musikalischer Sommer* nennt sich eine Reihe von Konzerten, die hochkarätige Musiker und ein anspruchsvolles Publikum anlockt. Einkehr nach innen und Öffnung nach außen, diesem Anspruch eines modernen Klosters wird man in Medingen gerecht.

Eine der Hauptpilgerrouten des Mittelalters führt durch die Heide und verbindet die Klöster Medingen und Ebstorf. Eine gelbe Muschel weist den Weg.

58

Museum Schliekau
Kurze Straße 4
29549 Bad Bevensen
05821 1384
www.bad-bevensen.de

Anno 1825
Kirchenstraße 6
29549 Bad Bevensen
05821 2455
www.anno1825.de

EIN LEBENSWERK NACH FEIERABEND

Museum Schliekau

Der weiße Nilpferdschädel ist groß, so lang wie ein Arm, und er hat noch alle Zähne im knochigen Maul. Jürgen Schliekau erinnert sich genau, wie er als kleiner Junge mit seinem Bruder vor ihm gekniet und mit dem Gebiss in der Weihnachtszeit auch die härtesten Walnüsse geknackt hat.

Der Schädel ist ein Ausstellungsstück im Museum, Jügen Schliekau führt hier das Familienerbe fort. Sein Umgang damit ist respektvoll, aber entspannt: »Tradition ist nicht die Anbetung der Asche, sondern die Weitergabe des Feuers«, an diesen Satz, den man Gustav Mahler zuschreibt, hält er sich.

Er stellt die Schätze seines Uropas Rudolf aus. »Ein Lebenswerk nach Feierabend« nennt er das, was auf zehn Räume verteilt jede Ecke des Museums füllt. Rudolf Schliekau hat diese Dinge im Laufe eines Lebens zusammengetragen, als Maschineningenieur auf Reisen um die Welt, aber auch im Alltag in der Heimat. Objekte, die er für die Nachwelt erhalten wollte, aus allen Lebensbereichen. Ein Raum ist voller Waffen und Werkzeuge, in einem anderen liegen Musikinstrumente und Muscheln in Vitrinen. Und dazwischen der Fußabdruck eines kleinen Sauriers, »weiß der Kuckuck, wo mein Urgroßvater den herhat«, bemerkt Jürgen Schliekau dazu. Mit »Ah«- und »Oh«-Rufen gehen die Besucher durch die Räume, der Urenkel weiß amüsante Anekdoten zu den Kostbarkeiten zu erzählen. Zum Beispiel von der Rückkehr seines Uropas von einer Reise nach Kirgisien. Dort hatte er einem Häuptling aus der Patsche geholfen und als Dank einen Drachen auf den Arm tätowiert bekommen; eine große Ehre. Das sah die Urgroßmutter anders: Fortan ließ sie ihren Mann in Bad Bevensen nur noch mit langen Ärmeln aus dem Haus. Jürgen Schliekau ist ganz in seinem Element in diesen Räumen, schließlich ist er hier umgeben von Dingen, die er schon ein Leben lang kennt und die so manche Nuss für ihn geknackt haben.

Anno 1825 heißt ein Traditionsrestaurant in der Innenstadt von Bad Bevensen. Blind können sie alles bestellen, was mit Kartoffeln zubereitet wird.

59

Jod-Sole-Therme Bad Bevensen
Dahlenburger Straße 3
29549 Bad Bevensen
05821 5779
www.jod-sole-therme.de

Wiesencafé Hof Haram
Oldendorf 2
29587 Natendorf
05822 1384
www.wiesencafe.de

ENSPANNT, ENSPANNTER, SOLE-THERME

Jod-Sole-Therme

Es gibt keine gute Übersetzung für das englische Wort »Wellness«. Es ist eigentlich eher ein Sammelbegriff für die Momente, in denen genussbereite Menschen die Augen halb schließen, tief durchatmen und sich wohlig strecken wie eine Katze im Schoß von Abraham oder auf der Wolke mit der Nummer sieben. Weil jemand von außen ihrem Körper etwas Gutes tut. Einige Signalwörter rufen auch auf Deutsch diese Reaktionen hervor: Frotteebademantel, Seifenschaummassage, 34 Grad warmes Wasser mit Champagnersprudel. Oder kurz: Sole-Therme Bad Bevensen. Es ist eine Stätte für die Seele, wenn sie mal baumeln will, ein Ort, an dem der liebe Gott ein guter Mann ist.

Natürlich ist Bad Bevensen auch eine normale Kleinstadt mit Restaurants, Tankstellen und Schulen. Aber Besucher kriegen davon nichts mit, sie zieht etwas anderes hierher: diese leichte Chlorwolke über der Stadt, angereichert mit Kieferndüft und Lavendelölaroma. Seit 1975 ist der Ort als Heilbad anerkannt, ein Jahr später bekam er das »Bad« im Namen dazu. Daraufhin entstand ein Kurviertel um die in den 60er-Jahren erschlossene Thermal-Jod-Sole-Heilquelle. Seither liegt Ruhe in der Luft. Zu hören ist nur Plätschern und leises Schnarchen, das lauteste Geräusch ist der eigene Herzschlag. Hinter dem Kurviertel schließt sich die Altstadt mit Restaurants und einer Fußgängerzone an. Manchmal schafft man den Spaziergang dorthin noch, nach ein paar Stunden in der Therme – nach Massagen, Zeit in der Sauna oder in dem wohlig warmen Wasser mit den vielen Unterwasserblubbereien und Schulterschwallduschen. Manchmal schafft man es aber auch nicht – denn Erholung ist sehr anstrengend, ein Nickerchen nach so viel Salzwasser auf der Haut ist eigentlich unvermeidlich. Sole-Therme, das ist Urlaub vom Alltag, für Körper und Geist. Und dann spürt man Wohlsein. Vielleicht ist das das deutsche Wort für Wellness.

Wen es nach Wellness in Tortenform verlangt: Im *Wiesencafé* auf Hof Haram im Nachbarort werden Kuchenträume wahr: Wolkentorte. Apfelsekttorte. Ozeantorte.

60

appleslounge
Wiesenweg 7
21368 Dahlem bei
Dahlenburg
05851 9445233
www.appleslounge.de

EIN APFEL TÄGLICH? HIER IMMER GERN!

Restaurant *appleslounge*

Der Weg zur Apfelschänke *appleslounge* sollte eigentlich mit Brotkrumen ausgelegt sein (oder passenderweise mit Apfelstücken); sie ist auf so angenehme Weise ab vom Schuss, dass man sie sonst suchen muss. Nähern sie sich langsam dem Ort: Hühner, die hier die Straße überqueren, haben Heimrecht und Vorfahrt.

Einmal angekommen, halbiert sich das Lebenstempo von allein. Hier ist die Ruhe zu Hause, sie wohnt bei Christiane Walter und Bernd Gerstacker zur Untermiete. Am Anfang waren sie selbst noch stressgeplagte Hamburger, die in der Gegend an den Wochenenden erst die Langsamkeit und dann eine Leidenschaft für Land und Leute entdeckten. Ihre neue Lebensaufgabe fiel ihnen im Wortsinn vor die Füße: Bei einem Herbstspaziergang stolperten sie über Mengen von Äpfeln, die am Straßenrand lagen, köstliche alte Sorten von einer der vielen Streuobstwiesen. Damit müsste sich doch etwas anfangen lassen? Und ob! Rund 20 Jahre später ist aus dieser Idee eine kleine, feine Apfelschänke gewachsen, ein Ort, an dem das Paar Gäste empfängt, die Pausen vom Alltag brauchen, bei guten Gerichten im Grünen.

Ein altes Backsteinhaus haben sie zu einem Restaurant umgebaut, im lauschigen Innenhof kann man bei schönem Wetter schmausen. Die Küche nennen sie kreativ-norddeutsch – und natürlich ist sie apfellastig. Am Wochenende gibt es von Stammgästen geschätzte Menüs zu moderaten Preisen. Das Paar hat schon immer gern gekocht und sein Hobby hier perfektioniert. Geblieben ist das, was sie »eine Leidenschaft fürs Gastgeben« nennen: die Freude daran, Besuchern eine rundum gelungene Zeit zu bereiten. Bernd Gerstacker hat sich zu einem anerkannten Cidre-Produzenten gemausert. Mutig mischt er Schokolade oder Minze in den Apfelwein, der in der Hoftenne entsteht. Gut für die, die ihn ausgiebig testen: Im Garten warten zwei knallgrüne Bauwagen auf Übernachtungsgäste.

Konzerte und Lesungen in der *appleslounge* sind wie die Gerichte und die Hofgestaltung: Was den Gastgebern Spaß macht, bieten sie auch ihren Gästen an.

61

Bahnhof 2000 Uelzen e. V.
Friedensreich-Hundert-
wasser-Platz 1
29525 Uelzen
0581 3890489
www.hundertwasserbahn-
hof.de

KUNSTVOLL, BUNT UND RUND

Hundertwasser-Bahnhof

Es klingt wie eine seltsame Idee, einen Bahnhof zu besuchen. Bahnhöfe sind in der Regel schmutzig, hektisch und überfüllt. Aber Uelzen ist eine Ausnahme, hier ist er kein Ort zum An- und Abreisen, er ist ein Ort zum Verweilen und Träumen.

Zu verdanken ist das Friedensreich Regentag Dunkelbunt Hundertwasser. Das ist der Künstlername des Mannes, nach dessen Ideen das Gebäude im Zuge der EXPO 2000 umgestaltet wurde. Wenn jemand mit so einem Namen so einen Ort konzipiert, dann darf man auf Besonderes gefasst sein. Weiß man dann noch, dass er die gerade Linie geradezu verabscheut hat, wundert man sich nicht, wenn man nach Uelzen kommt. Was man sieht, ist ein Bahnhof, der aussieht wie eine verrückte WG, die von Ziggy Stardust, Pippi Langstrumpf und den Schlümpfen eingerichtet wurde. Denn wer hat eigentlich gesagt, dass Gebäude Ecken haben müssen? Dass die Kugelform, das Runde und Geschwungene nicht viel schöner sind für Auge und Seele? Und wer hat bestimmt, dass die Natur vor der Haustür endet? Man kann doch Rasen auch auf Dächer pflanzen und einen kleinen Wasserfall in die Eingangshalle plätschern lassen? So schmücken das Haus nun goldene Kugeln und bunte Säulen, die Fenster sind windschief, Wände mit Mosaiken beklebt; leicht, verspielt, farbenfroh; sogar die Toiletten sind sehenswert.

Bestaunen Sie nicht nur Farben und Formen, sondern auch die Gesichter der anderen Besucher. Keiner weiß, wie viele Züge hier schon verpasst wurden durch Bahnhofsbummelei. Übrigens können Sie gern schlechtes Wetter für den Besuch nutzen. Friedensreich Hundertwasser selbst fand, dass die Farben seines Bahnhofs an Regentagen besonders schön leuchten. Wenn Sie schon mal da sind: Gucken Sie doch nach, was zwischen Gleis neun und uehn los ist. Es wäre nicht verwunderlich, wenn dort Harry Potter in einen Zug zum Zauberer-internat Hogwarts stiege.

Mehr Kunst gibt es direkt vor dem Bahnhof: *Weg der Steine* nennt sich eine Reihe von 21 bunt bemalten Steinskulpturen einer schwedisch-deutschen Künstlerin.

62

Künstlerhaus Garten Brammer
Sandstraße 7
29328 Müden/Örtze
05053 903181
www.brammer-h-p.de

Ole Müllern Schün
Alte Dorfstraße 6
29328 Müden/Örtze
05053 94122
www.ole-muellern-schuen.de

Ein Garten mit Kunst und Klang

Künstlerhaus

Hans-Peter Brammer ist ein Glückskind. Er hatte eine Lebensversicherung, ohne sich darum zu kümmern, was am Ende dabei rauskommt. Als vor 16 Jahren Zahltag war, wurde er blass. Blass vor Freude – und kaufte das Haus in der Ortsmitte von Müden, mit einem öden Grundstück, aber einem fantastischen Blick über das Flüsschen Wietze und die dahinter liegenden Pferdeweiden.

Und dann packte er an, der ehemalige Hotelier. Rentnerdasein ist nichts für ihn, er hat Hummeln im Hintern. Mit den Händen kann er alles Mögliche: malen und machen, einen Garten pflanzen und pflegen, sägen und schmieden. So ist aus dem kargen Land ein Skulpturenpark mit wild-natürlichem Garten geworden, mit Teich und Pavillon und dem Ergebnis von Kreativschüben, wohin man auch blickt. »Ich hab es im Kopf«, sagt er, »ich mach mir nie Skizzen. Ich sing und pfeif und dann geht's los.« Eisen bearbeiten, es mit Kugeln versehen, Skulpturen formen. Fleischfressende Pflanzen, Rosen und eine himmlisch blau blühende Glyzine umranken die Eisenkunstwerke. Sieben Lauben und Sitzecken hat er ebenfalls im Garten untergebracht. Alle Stühle sind auf die Wiesen gerichtet, wegen des tollen Blicks. Der Künstler zeigt auf eine Wand mit einem meterlangen blau-grünen Mosaik: »Da hatte ich Bruchfliesen über und hab losgelegt. Erst wusste ich gar nicht, was das werden soll … und dann war es plötzlich ein Vogel.« Aus alten Kartuschen baut er Klangspiele, auf denen er Gästen gern kleine Melodien vortrommelt – oft müsse er Taschentücher verteilen, behauptet er schmunzelnd. Seine Frau findet seine Einfälle wunderbar: »Ohne die hätte ich ihn gar nicht genommen.« Intuitiv, von Herzen, mit Freude und Elan, so werkelt Hans-Peter Brammer sich durch seinen Garten. Im Haus geht das Gesamtkunstwerk mit selbst gemalten Bildern weiter. Er ist ein Hammer, der Brammer. Wofür Versicherungen doch gut sein können.

Kuchenfreunde kehren in der beliebten *Ole Müllern Schün* ein. Wer sahnige Sahnetorten mit sehr viel Sahne mag, wird es dort lieben.

68

Rasthuus Alte Schule
Hinter den Höfen 7
29556 Suderburg-Hösseringen
05826 8343
www.rasthuus-alteschule-hoesseringen.de

anderweit Verlag GmbH
Hinter den Höfen 7
29556 Suderburg-Hösseringen
05826 8343
www.rasthuus-alteschule-hoesseringen.de

VOM LEBENSTRAUM UND TRAUMLEBEN

Rasthuus Alte Schule in Hösseringen

Fährt man Richtung Hösseringen, ist man mit hoher Wahrscheinlichkeit auf dem Weg zum Museumsdorf, ein lohnender Ausflug. Man muss nur aufpassen, dass man vorher nicht abbiegt und in der *Alten Schule* landet, denn das könnte länger dauern. Hier muss man einkehren, unbedingt. Bett und Brot und Bücher bekommt man, steht auf einem Schild. Und wunderbaren Kuchen oder guten Mittagstisch. In einem heimeligen Lädchen mit Tante-Emma-Charme gibt es außerdem Feines aus der Region, Antikes, Schönes zum Mitnehmen.

Die eigentliche Attraktion ist aber Mila Schrader, Chefin, Kuchenbäckerin, Pensionsbetreiberin, Verlagsleiterin, Gärtnerin, Bauleiterin, Mutter und Ehefrau. Recht spät im Leben hat es sie hierhergeweht, nach einem Leben als Volkswirtin in ganz Deutschland. Mit Mann und drei Töchtern landete sie in Hösseringen. Der kleine Ort ist weit ab vom Schuss – sie selbst benutzt beherzt die Formulierung mit dem Popo und der Welt. Aber es ist ihr Zuhause, ihr Wirkungskreis. Sie sagt: »Immer, wenn wir durch diese Gegend fuhren, hüpfte mein Herz.« Das tut es auch nach fast 30 Jahren hier noch, oft auch, weil einfach so viel zu tun ist. Mila Schrader hat einen Lebensakku mit viel Energie und sie nutzt auch die letzten Reserven. Aufgeladen wird er von ihren Gästen, vom Lob für ihre Arbeit. Sie kocht auch für die Besucher, Grüne Berglinsen mit Balsamicoessig stehen auf der Karte, »Jägerschnitzel in Pilzsauce gibt es doch wohl schon genug auf der Welt«, erklärt die Köchin.

Ihre wahre Leidenschaft sind allerdings alte Bauten und deren Rettung, das fasziniert die Tausendsassa-Frau. Melden Sie sich an, wenn Sie die *Alte Schule* besuchen, dann nimmt Mila Schrader sich Zeit für einen Klönschnack, ein paar Anekdoten. Wie sie das Leben anpackt, kraftvoll und klug, das hört man gern, das ist irgendwie alte Schule. Vielleicht ist sie deshalb hier gelandet.

Mila Schrader hat auch Bücher geschrieben – über die Geschichte der Tante-Emma-Läden, über Plumpsklos und historisches Baumaterial. Amüsant und augenzwinkernd.

64

Burg Bodenteich
Burgstraße 8
29389 Bad Bodenteich
05824 2479 (Führungen)
www.burgmuseum-bodenteich.de

Spa Center Braunschweiger Hof
Neustädter Straße 2
29389 Bad Bodenteich
01525 3547434
www.wellnees-ayurveda-uelzen.de

BAD BODENTEICHER BURGSPEKTAKEL

Burg Bodenteich

Nähert man sich der Burg, kommt dieses Robin-Hood-Gefühl auf. Alles ist so von Vorvorgestern, alles sieht so echt aus. Der Burgname geht auf das Geschlecht derer von Bodendike zurück; gleich könnte ohne viel Fantasie ein Ritter mit klappernder Rüstung hoch zu Ross um die Ecke biegen, während da oben am Fenster ein Burgfräulein mit dem Taschentuch winkte – warum nicht?

Das Einzige, was die Mittelalterfantasie durchkreuzt, ist die Sauberkeit: Burg Bodenteich ist so schön geputzt. Etwas, das man über das Burgleben früher beileibe nicht sagen konnte – Toiletten und Duschen mussten erst noch erfunden werden. Trotz dieser Umstände war die Burg ein Ort der Geborgenheit. Anders als ein Schloss, diente sie der Verteidigung und sollte Schutz gewähren. Auf einer kleinen Anhöhe gelegen, war sie von drei Seiten unzugänglich. Mehr zur Geschichte ist im Burgmuseum zu erfahren, erlebbar wird sie, wenn man sich engagierten Archäologen anschließt, die den Ort als Geschichtserlebnisraum nutzen. In Workshops kann man traditionelle oder schon fast vergessene Handwerkskünste erlernen: Langbogenschießen oder Silberschmieden, auch Brotbacken und Bierbrauen stehen auf dem Programm. Jährlich findet außerdem ein mehrtägiges Burgspektakel statt, bei dem man tief eintauchen kann in das Treiben des mittelalterlichen Lebens.

Einen ersten Eindruck bekommt man bei einer Turmbesteigung. In der zum Teil erhaltenen und mit einem Glasdach versehenen Burgturmruine sind Waffen des Mittelalters ausgestellt und ein Pranger, an dem ein Delinquent öffentlich vorgeführt wurde. Der Vorstellungskraft auf die Sprünge helfen kleine Szenen des Burglebens, die mit Spielzeugfiguren nachgestellt sind. Da kann man gut verstehen, warum ein kleiner Junge im Turm fragt: »Mama, fühlst du dich auch so mittelalterlich?« Und warum die Mutter lacht, auch.

Im *Spa Center Braunschweiger* Hof kann man sich einen Körperkurzausflug gönnen. Conny Raatz ist bekannt für ihre tollen Massagen und Ayurvedabehandlungen.

65

Arno-Schmidt-Stiftung
Unter den Eichen 13
29351 Eldingen-Bargfeld
05148 92040
www.arno-schmidt-stiftung.de

EIN SCHRIFTSTELLERLEBEN AUF DEM DORF

Arno-Schmidt-Haus in Bargfeld

Sein Schreibtisch sieht aus, als sei er nur mal eben Kaffee holen. Jeden Morgen um 4 Uhr saß Arno Schmidt hier und begann mit der Arbeit. Auf unzähligen Notizzetteln sortierte er seine Gedanken und Ideen. Diese Zettel sind Teil des Erbes, das in dem kleinen Ort Bargfeld gepflegt wird.

Das Haus, in dem Arno Schmidt zusammen mit seiner Frau Alice bis zu seinem Tod 1979 gelebt hat, wirkt wie unberührt vom Fortlauf der Zeit. Auf dem Tisch liegt seine Brille, an der Garderobe hängt seine grüne Lederjacke. Die 80 Quadratmeter auf zwei Etagen kommen einem klein vor, und doch war es Luxus für das Ehepaar, das viel umzog, bis es hier ein Zuhause und seine Künstlerklause fand. Arno Schmidt muss ein komischer Vogel gewesen sein. Vermutlich hätte er diese Bezeichnung als Kompliment verstanden. Verrückt im Sinne von entrückt, seiner Zeit vielleicht – der gängigen Art, mit Sprache umzugehen, auf jeden Fall. Sein Hauptwerk *Zettel's Traum* (1970) beschreibt auf über 1.300 Seiten die Geschehnisse in einem Heidedorf an einem einzigen Sommertag.

Fragt man sich, was einen der wichtigsten deutschen Nachkriegsautoren in dieses kleine Dorf verschlagen hat, beantwortet er das selbst in seinen Texten: »Und was heißt schon New York? Großstadt ist Großstadt; ich war oft genug in Hannover.« Mit blümerantem Witz und Kapriolen im Kopf widmete er sein Leben der Spracherfindung, ersann zum Beispiel für die schwarzbunte Kuhherde den Begriff »Kühe in Halbtrauer«, Menschen nannte er »Gehirntiere«. Und er gedankenschnipselte: »Jeden Morgen verwandelt man sich vermittelst Chemikalien, Wasser & Seife, aus einem spreizhaarigen fettigen Troll in ein glattköpfig=kühles Gedankenwesen.« Für die, die nach einem Besuch in seinem Wohnhaus erst mal überfordert sind von diesem Wortuniversum, hat Schmidts Werk noch einen Kommentar parat: »Nur die Phantasielosn flüchtn in die Realität.«

Gleich um die Ecke liegt ein kleiner See, wie hingemalt, mit einem Sandstrand und einem Holzsteg. Wirklich ein Geheimtipp, bitte nicht weitersagen.

66

Schloss Celle
Schlossplatz 1
29221 Celle
05141 9090850
www.celle-tourismus.de

Otto-Haesler-Museum
Galgenberg 13
29221 Celle
05141 217487
www.haeslerstiftung.de

LIEBE, TRIEBE, HIEBE – DAS HOFLEBEN

Schloss Celle

Mit der Geschichte des Celler Schlosses allein könnte man ein Buch füllen. Es gibt so viel zu erzählen über die Menschen, die die Schlossmauern Jahrhunderte hindurch mit Leben erfüllten. Über die Hochzeiten kreuz und quer von Welfen und dänischen Königskindern, von den spannenden und tragischen Frauenschicksalen hinter Schlossmauern, von Lieben und Trieben, von Sitte und Unsitte der vergangenen Generationen. Geheime Briefe und unheimliche Mätressen gingen im Schloss hin und her, wer nicht standesgemäß war, wurde vergiftet oder verbannt. Das Wort »Familienbande« bekommt da einen ganz anderen Beigeschmack. Sollte Seifenoper-Autoren mal Stoff oder Fantasie ausgehen, empfiehlt sich eine Führung, vorbei an den Gemälden dieses Adelsgeschlechts. Man muss Filzpuschen anziehen im Schloss, so gleitet man über die Flure und durch die Jahrhunderte und staunt. Immerhin stammen von diesem Adelsgeschlecht die englische Königin Elisabeth II. und Margarethe, Königin von Dänemark, ab.

Im Jahr 1292 gründete Herzog Ernst der Strenge die Celler Burg, im 16. Jahrhundert wird sie zu einem Renaissanceschloss umgebaut. Dank des baulustigen Herzogs Georg Wilhelm beherbergt es sogar das älteste noch bespielte Barocktheater Europas. Umgeben ist das Schloss von einem englischen Landschaftspark mit Teichen, geschwungenen Wegen und altem Baumbestand. Die nur hinter Glas zu besichtigende Schlosskapelle wurde im 15. Jahrhundert errichtet, der Bau wurde bald nach der Reformation neu ausgestattet, und zwar üppig. Weltkulturerbe soll er mal werden, ist der Wunsch, die Kapelle gilt als einziger nahezu unversehrt erhaltener Kirchraum in Deutschland aus frühprotestantischer Zeit. Auch, wenn Schlösser Sie sonst eher an der Haustür beschäftigen, dieses ist erlebenswert. Das größte Risiko, das man bei einem Besuch eingeht, ist Horizonterweiterung.

Celle ist ein Traum für Museumsfreunde. Vom Schloss aus zu sehen ist das Bomann-Museum; Wohnkultur des Bauhauses ist im Otto-Haesler-Museum ausgestellt.

67

Findelhof
Ziegeleiweg 2
29342 Bockelskamp
05149 8262
www.findelhof.de

DES EINEN PLUNDER, DES ANDEREN SCHATZ

Findelhofflohmarkt

»Macht mich das glücklich?« Das, sagen Psychologen, sollen sich Menschen fragen, die ein Sammelproblem haben und ausmisten wollen. Von Dingen, die nicht für Glück sorgen, kann man sich nach Meinung dieser Experten sofort befreien.

Und der aussortierte Tinnef landet dann auf dem Findelmarkt, um andere Sammler glücklich zu machen. Hier trifft man Leute, die sich wie wahnsinnig freuen, wenn sie eine alte Puppe mit nur einem Arm finden. Oder einen verschrabbelten Milchkrug mit abgeplatztem Dekor. Oder dieses Stück Leinen mit Löchern drin, so ein schönes Muster! Abgeliebte Dinge, die schon lange gelebt haben und ein neues Zuhause suchen, um dort Staub zu fangen. Nach Sinn und Zweck darf man nicht fragen – es geht um Freude und um Finderglück!

Flohmärkte gibt es überall in der Lüneburger Heide, aber an den Charme des Findelhofs reichen sie nicht heran. Zu verdanken ist das dem Besitzer des Hofes, Jean-André Priol, gelernter Koch, geübter Lebenskünstler. Er entdeckte den Findelhof vor vielen Jahren, fand Charme und Potenzial, wo andere nur ein marodes Abrisshaus sahen, einen Wunderort unter alten Eichen – natürlich ist auch er ein Sammler. Ein Theater könnte hier entstehen, fand er, auch eine Weinstube, ein alter Krämerladen. So viele Menschen wie möglich wollte er mit seiner Leidenschaft für Altes und Schönes anstecken. Wer an den Dingen die Fehler scheut, wird ihre Schönheit nie erfahren, davon ist er überzeugt.

Seine Pläne hat er inzwischen wahr gemacht. Einmal im Monat ist sonntags Flohmarkt, da brummt es vor Poesie und Plunder. Es gibt Porzellan, Bilder und Möbel, wer will, bekommt zu jedem Kauf eine Geschichte dazu. Wer nur zum Tütentragen dabei ist, kann bei Kaffee und Kuchen unter großen Segeltüchern sitzen und Menschen beobachten – zufriedene Sammler mit neuen alten Glücksfunden im Arm. Irgendwo im Regal wird schon noch Platz sein.

Im kleinen Gasthaus auf dem Findelhof gibt es köstlichen Pflaumenkuchen. Die Räume sind auch für private Feiern zu mieten, inklusive Musik und Kleinkunst.

WENDLAND

68

Draisinentour
IG Draisine Bleckede e. V.
Bleckeder Landstraße/
Ecke Stiepelser Straße 2
21354 Bleckede-Alt Garge
0176 84295779
www.ig-draisine-elbtalaue.de

Biosphaerium
Elbtalaue GmbH
Schloßstraße 10
21354 Bleckede
05852 951414
www.biosphaerium.de

FAHRRADFAHREN AUF BAHNGLEISEN

Draisinentour ab Alt Garge

Wo kann man Fahrrad fahren auf vier Rädern und auf Bahnschienen? Die Frage klingt wie ein Scherz, die Antwort ist aber einfach: in Bleckede bei einer Draisinentour. Auf der ehemaligen Werksbahn eines stillgelegten Kohlekraftwerks fährt man nun Fahrrad. Aber nicht direkt auf den Schienen, sondern auf einer Draisine, auf die zwei Räder und eine Sitzbank montiert sind. So radelt man also nebeneinander und kann noch ein, zwei Faule mitnehmen. Am Bahnhof gibt es neben einer kleinen Einweisung einen freundlichen Schubs von hinten, zu anstrengend ist das eigene Strampeln aber auch nicht. Und jeder kann mal eine Pause machen – einfach Füße hoch und den Nachbarn in die Pedale treten lassen …

Die Schienenstrecke führt durch Wiesen und Felder in einen Wald hinein. Kleiner Spaß unterwegs: Mehrmals kreuzt die Bahnstrecke normale Verkehrsstraßen. Natürlich heißt es da nicht Augen zu und rüber, sondern runter vom Rad, Warnweste an, kleine Schranken von Hand legen und mit einem Fähnchen die Draisinen durchwinken. Erfahrungsgemäß gibt es in jeder Gruppe mindestens einen, der diesen Job gern übernimmt.

Nach ein paar Kilometern wird mitten im Wald gewendet – wieder eine kleine Herausforderung, denn natürlich führen die Schienen nur in eine Richtung und so muss das ganze Gefährt auf einem kleinen Drehkarussell eigenhändig gewendet werden. Zurück am Draisinenbahnhof (dafür, dass unterwegs kein Gegenverkehr startet, sorgt das nette Vereinspersonal) kann noch ein Stück in die andere Richtung gefahren werden, bis man quasi direkt an einem einsamen Stück Elbstrand landet, für ein Picknick oder Päuschen mit Wasserblick. Dazu parkt man die erneut gewendeten Schienenmobile, geht ein paar Schritte Richtung Wasser und: genießt. An der Elbe sitzen, Fahrrad und Draisine fahren, unterwegs mit Glück Rehen begegnen, Bahnwärter spielen – alles in nur ein paar Stunden.

So viel Natur und noch mehr davon: Im *Biosphaerium Elbtalaue* können Sie die Flusslandschaft Elbe entdecken, die von einem 20 Meter hohen Turm gut zu sehen ist.

69

Woodhenge liegt direkt an der Verbindungsstraße zwischen Gartow und Restorf
29478 Höhbeck

Unterkünfte in Bauwagen und Ferienwohnungen:
Das blaue Haus am Deich
Christina Scheele
Deichstraße 7
29478 Höhbeck-Restorf
0151 40390613

FASZINIERENDER HOLZKREIS

Woodhenge im Wendland bei Restorf

Auf den ersten Blick erstaunlich unscheinbar steht der Holzkreis am Straßenrand. Vielleicht weil die ihn umgebende Natur so sehenswert ist, guckt man zunächst vorbei an diesem prächtigen Monument. Umrundet man allerdings die 56 Stelen, verfängt seine Besonderheit. Wer schon mal im Süden Englands war, fühlt sich an das dortige Stonehenge erinnert. Und in der Tat gibt es möglicherweise historisch ähnliche Bezüge. Das *Woodhenge im Wendland* erinnert an archäologische Funde bei Grabungen im benachbarten Pevestorf. Das runde Monument hier ist den Überresten dieses bronzezeitlichen Kreises aus 56 Holzpfosten nachempfunden.

Welche Bedeutung er ursprünglich hatte, ist ungeklärt. Vielleicht war es ein Observatorium für astronomische Beobachtungen? Fragt man Menschen mit Sinn für Okkultismus, bekommt man ganz andere Antworten. Man braucht nicht viel Fantasie, um dem Ort etwas Mystisches abzugewinnen. Fällt das Sonnenlicht tief durch die Stelen – oder gar das Mondlicht – wandern geheimnisvolle, lange Schatten über das Land. Wenn dann noch der Wind weht und eine Eule ruft, ist nur ein sehr vernunftbegabter Mensch noch ohne Gänsehaut.

Aber man kann sich dem Holzkreis auch mit rein geschichtlichem Interesse nähern: An jedem Pfosten ist innen eine kleine Plakette angebracht, die auf ein Ereignis in der Region verweist. 56 Zeitfenster, die einen Blick in die Vergangenheit öffnen: Der Besuch von Karl May in der Höhbeck-Region. Das erste Dampfschiff auf der Elbe. Das Kastell, das Karl der Große am Elbhang errichten ließ. Mein lieber Schwan, denkt man angesichts der Datenfülle, während im selben Moment in der Aue vor dem Holzkreis selbiger vorbeischwimmt. Sinneseindrücke und Sinnvolles bietet *Woodhenge*. Eine Broschüre mit Informationen kann man vor Ort mitnehmen – um wiederzukommen, und diese wunderschöne Region zu erkunden.

Der Ort Restorf liegt malerisch zwischen Elbe und Seege-Niederung, mit wunderschönen Aus- und Anblicken vom Deich. In der St.-Johannis-Kirche im Ort finden regelmäßig klassische Konzerte statt.

70

Stones Fan Museum Lüchow
Dr.-Lindemann-Straße 14
29439 Lüchow
05841 5902
www.stonesfanmuseum.com

DER DIENSTÄLTESTE STONES-FAN

Stones Fan Museum

Dass er mal Bankkaufmann war, klingt wie ein Witz. Ulrich Schröder sieht aus wie ein Rockstar. In ihm geschlummert hat der wohl schon immer, vor fast 20 Jahren brach er aus, und Schlips und Kragen wurden an den Nagel gehängt – »I can't get no satisfaction«, mag er sich damals gedacht haben. Seit mehr als 50 Jahren sammelt er Rolling Stones-Devotionalien, dann wurde aus seiner Sammlung ein Museum. Ungewöhnlich ist der Standort, in einem alten Tante-Emma-Laden im Wendland hat er sich eingerichtet. Lüchow statt London, Supermarkt statt Superlocation. Stones-Schnickschnack hängt, steht und liegt überall, Ulrich Schröder hat es sich nicht nehmen lassen, ein Groupie-Zimmer einzurichten, mit Whirlpool und goldenen Wasserhähnen, da bleibt er seiner Machart treu: Als Stones-Gitarrist Ron Wood ihm bei einem Treffen – man lernte sich über die Kunst kennen – vom Rockstarleben mit »Sex, Drugs & Rock 'n' Roll« vorschwärmte, befand Schröder: »Das mit den Drogen muss nicht sein, der Rest passt.«

So amüsiert er sich auch noch immer über Museumsstücke, die für großen Wirbel gesorgt haben: Das Herrenklo zieren Kussmund-Urinale – was denn sonst für echte Stones-Fans? Sexismusvorwürfe gingen um die Welt. Wen stört's, den Museumschef sicher nicht, es gibt bekanntlich keine schlechte Werbung. Immer wieder wird die Geschichte erzählt bei einem Bier im Museum, in dem auch eine kleine Kneipe eingerichtet ist (das läuft unter Genuss, nicht unter Drogen). Des verstorbenen Charlie Watts' wird hier selbstverständlich gedacht und mit vielen Ausstellungsstücken an ihn erinnert. Aber es könnte noch passieren, dass eines der anderen Stonesmitglieder vorbeikommt. Zu gern sähe man hier den dünnen Mick Jagger, wie er am Museum klingelt. Das ist unwahrscheinlich, aber es ist ja auch nicht zu glauben, dass eine Rockband so langlebig ist. Ulrich Schröder hofft weiter. Er rechnet mit allem. Schließlich war er mal Bankkaufmann.

Die guten Kontakte des Fans in die Musikwelt zahlen sich aus – regelmäßig finden im Museum Konzerte bekannter Musiker statt.

71

1. Deutsches Kartoffel-Hotel Lüneburger Heide
Lübeln 1
29482 Küsten-Lüchow
05841 1360
www.kartoffel-hotel.de

WO SICH ALLES UM DIE KARTOFFEL DREHT

Kartoffel-Hotel in Lübeln

»Gemütlich« ist ein sehr strapaziertes Wort. »Entschleunigung« erst recht. Aber was soll man machen, wenn es die richtigen Begriffe für einen Lieblingsort sind? Das Kartoffel-Hotel in Lübeln, da fährt man hin, wenn man sagt: »Ich muss kurz mal raus/durchatmen/runterkommen.« Oder alles zusammen. Das Hotel ist wie das namensgebende Gemüse: erdig, robust, vielseitig. Und von Modetrends weitgehend unbeeindruckt. Die Fachwerkbauernhäuser der Anlage liegen in dem Rundlingsdorf Lübeln, das an sich schon einen Besuch lohnt.

Die fast 100 Rundlingsdörfer sind typisch für das Wendland. Wie sie entstanden sind, darum ranken sich mehr Mythen und Geschichten, als es Erklärungen gibt. Sind es slawische Siedlungsformen aus der Völkerwanderungszeit? Waren sie nur eine Modeerscheinung oder sinnhaft gebaut als Viehkral, Kultplatz, Wehrdorf? Viele Ortsnamen im Wendland sind slawischen Ursprungs. Kuriose Namen, die beim Durchfahren schon Spaß machen: Pudripp, Waddeweitz, Tolstefanz – da geht die Fantasie auf Reisen … hier könnten doch auch Hobbits auf dem Weg nach Mittelerde durchgekommen sein?

Lübeln ist eines dieser Dörfer, die im Rund gebaut sind. Zwölf Höfe mit prächtigen Schmuckgiebeln stehen hier im Kreis um den Dorfplatz gruppiert. Beim Flaschendrehen landet man immer auf einem interessanten Objekt: einem Kunsthandwerkerhof, einem Hofladen, beim Museum zu der Geschichte der Dörfer oder eben beim ersten deutschen Kartoffel-Hotel. Natürlich wird hier mit Kartoffeln gekocht, herzhaft und norddeutsch. Die Zimmer sind bunt und praktisch, aber man ist ohnehin nicht viel dort, dazu ist das Programm drumherum zu umfangreich. Man kann Wellnesstage buchen oder Kochkurse, Kartoffelnsammeln mit Lagerfeuer auf dem Acker – kein Wunder, dass es so viele Wiederholungstäter gibt, die hier einmal im Jahr die Akkus aufladen.

Man kennt sich im Wendland: Ulrich Schröder vom *Stones Fan Museum* in Lüchow hat es sich nicht nehmen lassen, im Hotel ein Rolling-Stones-Zimmer einzurichten.

ALTES LAND

AND

72

Buchhandlung Schwarz auf Weiß
Ritterstraße 9
21614 Buxtehude
04161 9999700
www.buchhandlung-schwarzaufweiss.de

Café Pompom
Westfleth 23
21614 Buxtehude
04161 8653093

Eine Nacht unter Büchern

Buchhandlung Schwarz auf Weiß

»Am liebsten würde ich mich mal eine Nacht hier einschließen und durch alle Regale lesen.« Dieser Satz einer Kundin war der Auslöser. Warum eigentlich nicht, fragte sich die Buxtehuder Buchhändlerin, was spricht dagegen? Ihr fiel nichts ein und darum können sich seither Freunde des geschriebenen Wortes für eine Nacht im Laden einmieten. Wundern Sie sich also nicht, wenn Sie abends jemanden mit einem Schlafsack unter dem Arm vor der Buchhandlung Schwarz auf Weiß stehen sehen. Er wartet vermutlich auf den Schlüssel, den er nach Ladenschluss in die Hand gedrückt bekommt, zusammen mit ein paar Hinweisen für das Privathotel mit besonders gut ausgestatteter Bibliothek: Eine große Luftmatratze liegt dann schon aufgeblasen zwischen Kochbüchern und Krimis, zwei große Laken werden noch vor die Fenster gehängt, damit man auch kratzen kann, wo es juckt. Hinter dem Verkaufstresen befindet sich ein Bad, zur Eintrittskarte gehört ein Gutschein für ein Frühstück am nächsten Morgen. Wer die Dunkelheit oder Rückenschmerzen fürchtet, kann auch den Sonntagnachmittag für einen Alleinaufenthalt im Laden buchen.

Nachts in der Buchhandlung fühlt sich niemand allein – wo sonst ist man von so vielen Figuren und Geschichten umgeben wie hier? Je nach Leselust und Schlafbedarf verläuft die Nacht: Mancher liest sich durch alle Regale und geht morgens zum Schlafen nach Hause, andere schlummern neben einem Stapel angelesener Romane ein. Wer einen mit nach Hause nehmen möchte, legt den abgezählten Preis dafür in eine kleine Schublade. Befürchtungen, dass nach einer Lesenacht Eselsohren die Bücher zieren oder Rotwein- und Schokoladenflecken, hat die Buchändlerin nicht. Tanja Drecke vertraut ihren nächtlichen Kunden. Und selbst wenn mal eine Seite leidet, ist das nicht so schlimm, sagt sie – Bücher sind keine Statuen, sie sind nicht nur zum Angucken da, man soll mit ihnen leben. Gern auch in der Nacht.

Für einen Stadtbummel ist das Café Pompon ein schönes Ziel. In farbenfrohem Ambiente lockt köstliches Essen bei einer netten Familie.

73

Meckisammlung Uschi Herchenbach
Gehrden 41
21635 Jork
04162 9085605

Café Möwen Nest
Yachthafenstraße 6
21635 Jork
04162 254646
www.cafe-altes-land.de

IM MECKI-MEKKA

Meckisammlung

Auf ihren ersten Mecki hat Uschi Herchenbach lange gespart, ein Teil des Lehrgehalts ging dafür drauf. Schon als Kind war sie fasziniert von der Werbefigur einer Fernsehzeitschrift, damals war kein Geld übrig für den Igel in Menschenkleidung, der in einem Comic Kluges und Altkluges zu erzählen hatte.

Nun, über 40 Jahre später, entkommt ihr keine Igelfigur. Uschi Herchenbach ist passionierte Meckisammlerin. Zählen lassen sich die Figuren, die im Haus ein eigenes Zimmer bewohnen, nicht mehr. Da gibt es Hunderte Igel in allen Größen, aus Plastik, Porzellan und Stoff. Die Regale biegen sich auch unter Comics, Kinderbüchern und der Mecki-Zeitschrift, deren Chefredakteurin Uschi Herchenbach natürlich ist. Es gibt noch andere Igelverrückte deutschlandweit, mit denen sie sich austauscht. Ebenso regelmäßig werden die Meckis gepflegt: Damit sie ihre pralle Plastikhaut bewahren, müssen sie eingecremt werden. Eine schöne Pflicht, findet die Figurenmutter. Ihr vermitteln die Grinseigel Geborgenheit, sie sind eine schöne Erinnerung an eine gute Kindheit, sagt sie. Das ist natürlich nostalgisch, aber warum denn auch nicht? Mecki ist ein kluger kleiner Kerl mit viel Humor und Mitgefühl. Gibt es jemanden, der so einen Mann nicht gern im Haus hätte?

Angemeldeten Meckibesuchern backt die Sammlerin einen Kuchen. Gern setzt sie sich zu ihnen und erzählt Geschichten von dem stacheligen Burschen, der ihr Herz erobert hat. Was ihr Ehemann dazu sagt? Der sucht regelmäßig mit ihr auf Antikmärkten nach Igelnachwuchs. Manchmal sucht er allerdings auch nach Druckmaschinen. Der gelernte Setzer ist ebenfalls Sammler, er hat das gesamte Untergeschoss zu einer gut ausgestatteten Druckwerkstatt umgebaut und bedruckt mit Leidenschaft Karten, Servietten, Briefpapier. Aber das ist eine andere schöne Geschichte …

Nicht nur am, fast direkt im Deich vor Jork liegt das *Café Möwen Nest*. Hier gibt es Fitnessfrühstück und Flammkuchen und einen feinen Blick auf's Wasser.

74
Ehring Wohnkonzepte
Ort 4
21720 Mittelnkirchen
04142 812205
www.ehring-
wohnkonzepte.de

VERSTECKTER GARTENTRAUM

Ehring Rosengarten

»Über Rosen lässt sich dichten, in die Äpfel muss man beißen.« Goethe sagte das, man weiß nicht, ob das Alte Land ihn inspiriert hat. Möglich, denn hier kann man beides. Bei Ehrings ist man in Sachen Rosen richtig. Schon von der Straße aus sieht das Zuhause der Familie Ehring nett aus. Ein geschmackvoll renoviertes Altländer Haus, mit einem für die Gegend typisch schmalen Grundstück dahinter, in dem einst Kirschbäume standen. Wer eintritt in den Garten, angelockt von den bunten Stauden vor dem Haus, macht große Augen: Der ehemalige Obstgarten ist in einen verwunschenen Cottage-Garten verwandelt worden, über tausend Rosen in allen Farben und Formen wuchern meterhoch, flankiert von bunten Staudenbeeten. Uta Ehring kennt alle Pflanzen mit Vor- und Zunamen und inklusive Stammbaum; wie man sie zu so üppiger Pracht heranpflegt, verrät sie auch gern. Selbst gepflasterte Wege führen zu immer neuen Ecken mit kleinen Brunnen, Bänken und – bezaubernd – einer Schaukel für zwei, die an einem dicken Ast schwingt und auf Genießer wartet. Nur noch selten sitzen Uta und ihr Mann Sven darin, dafür gibt es immer irgendwas zu rupfen oder zu jäten. Früher war Uta Verlagskauffrau, ihr Mann Elektrikermeister, inzwischen sind sie ein eingespieltes Gartendesignerduo. Zum Team gehören Sohn Henry und ein kleiner Zoo an geliebten Haustieren. Dass eine Gärtnerin in ihr steckt, hat Uta Ehring lange selbst nicht gewusst. Und dann sah sie bei der Hausbegehung das: eine einzelne rote Rose zwischen einer Menge Unkraut und Gestrüpp. Sie wollte gerettet werden, glaubt Uta Ehring. Natürlich gibt es die Urrose heute noch, sie hat einen Ehring-Ehrenplatz.

So viel Energie ist ansteckend. Selbst eingefleischte Betonfreunde möchten bei dem Anblick dieses Gartens unbedingt sofort Rosen pflanzen. Rot, rosa oder weiß – Hauptsache, es blüht so schön wie in Mittelnkirchen.

Nach Anmeldung führt Uta Ehring durch den Rosengarten. In ihrem kleinen Café gibt es außerdem selbst gebackenen Kuchen und hübsche Gartenaccessoires.

75

Stadtbummel
Startpunkt: Tourismusbüro Stade
Hansestraße 16
21682 Stade
04141 776980
www.stade-tourismus.de

St.-Cosmae-Nicolai-Kirche
Cosmae-Kirchhof
21682 Stade
04141 2977
www.cosmae.de

KNÖPFCHEN KAUFEN, KUNST UND KULTUR

Stadtbummel

»Die Prinzessin war ins Städtchen gegangen, ›Knöpfchen kaufen‹ (…) womit jede Art Einkauf gemeint war.« So verabschiedet Kurt Tucholsky in *Schloß Gripsholm* seine Freundin zu einem Stadtbummel.

Knöpfchen kaufen, das geht im Norden kaum irgendwo besser als in Stade. Beginnen Sie Ihren Spaziergang in der Großen Schmiedestraße. Bei *Glücklich in Rosa* vor der ersten Kurve bekommen Sie eine Umarmung umsonst und handgemachtes Kunsthandwerk, Schmuck und originellen Wohnschnickschnack. Gleich gegenüber lohnt unbedingt ein Blick in die Buchhandlung *Schaumburg*, ein Büchertempel, wie man ihn nur noch selten findet. 1840 wurde hier die erste eigenständige Buchhandlung im Elbe-Weser-Raum eröffnet. Die historische Originaleinrichtung zeugt noch heute von dieser Zeit; der Laden atmet eine große Liebe zum geschriebenen Wort und auch die heutigen Besitzer sind mehr als Buchverkäufer. Für ihre Empfehlungen fragen sie sich an den Geschmack ihrer Kunden heran wie ein Arzt an die Beschwerden eines Patienten.

Aus der Großen Schmiedestraße wird die Hökerstraße. Hökern, das ist das plattdeutsche Wort für Handeln, dieser alte Name passt noch heute. Natürlich finden sich auch hier viele Einkaufsketten, aber gut durchmischt mit bunten Einzelhändlern. Die Straße windet sich weiter hinunter zum Fischmarkt mit einem herrlichen Rundumblick auf einen Großteil der Stader Sehenswürdigkeiten. Dazu gehört der *Schwedenspeicher*, ein wunderbares Museum, in dessen Ausstellungen das Aufschlauen richtig Spaß macht. Am Stadthafen hinter dem Museum wartet eine Bank. Hier kann man den Tag mit einem Eis in der Hand stimmungsvoll ausklingen lassen. Da will man gern mal wiederkommen und gucken, was der Rest der Stadt für den Knöpfchenkauf zu bieten hat.

Stades Stadtsilhouette wird von Kirchen bestimmt. Vollmondnächte feiert die St.-Cosmae-Nicolai-Kirche mit Lyrik, Musik und einer Turmbesteigung.

76

Gondeltour mit Uwe Kunze
Im Neuwerk 7
21680 Stade
01734 909091
www.gondeley.de

FÜR DIE ITALIENISCHEN MOMENTE IM LEBEN

Gondeltour

Niemand hat ewig Zeit, um sich seine Lebensträume zu erfüllen. Uwe Kunze, genannt Carlo, war 40 Jahre alt, als ihm das klar wurde. Er war Bauingenieur, nicht unglücklich in seinem Job, aber ein wenig rastlos. Im Hinterkopf gab es schon lange eine Idee für die zweite Lebenshalbzeit, diesen verrückten Traum: In einem Venedigurlaub hatte er sich in die Gondeln verliebt, aber für ihn war es nicht mit einer Schunkelfahrt durch die Kanäle getan, er wollte selbst Gondoliere sein, der Mann im gestreiften Pulli mit Strohhut, der auf dem Gondelrand balancierend fröhliche Lieder singt, gern auch unter norddeutscher Sonne.

Gesagt, getan, Carlo ist kein Träumer, er ist ein Macher. Und so kommt es, dass sich heute mancher Spaziergänger an Stades Altstadtufern die Augen reibt … Denn im Burggraben, der die Stadt umfließt, gleitet eine elegante schwarzglänzende Gondel dahin, Enten im Kielwasser, Carlo auf dem Heck stehend, ungefähr so breit grinsend wie seine Passagiere. Die Zuschauer auf den Brücken sind amüsiert und begeistert, die Gäste an Bord ergeben sich fast automatisch einer Zwangsromantisierung mit Freudenschauer und Gänsehaut; Tränen der Rührung beim Abschied sind keine Seltenheit. Es ist aber auch ergreifend: Lautlos gleitet die Gondel dicht über der Wasserfläche einmal um die Altstadt herum, vorbei an Wiesen mit weiten Blicken. Carlo kann beschreiben, was im Kopf passiert: Man fühlt sich wie im Mutterleib oder wie in einer Hängematte, dieses sanfte Schaukeln suggeriert Sicherheit. Selbstverständlich darf man an Bord auch ein Gläschen Sekt trinken und ein Picknick mitnehmen. Wen wundert's, dass Carlo schon so manchen Heiratsantrag mitgehört hat? Über solche Touren freut er sich besonders, da wird er selbst noch sentimental. Und schließlich kann er es nur gutheißen, wenn auch andere Menschen sich ihre Lebensträume erfüllen.

Wer will, kann mit Carlo auch in einem Heißluftballon aufsteigen, das ist seine zweite Leidenschaft. Auch kombinierte Touren sind möglich.

77

Campingplatz Lühesand
Sandhörn 6a
21720 Grünendeich
0178 3508137
www.luehesand.de

KLEINE INSEL IM GROSSEN STROM

Campingplatz Lühesand

Es ist nur eine winzige Insel in der Elbe, in der Nähe von Stade, in nicht einmal fünf Minuten bringt einen die kleine Schaluppe vom Festland rüber. Da stakst man durch Gestrüpp, Straßen gibt es nicht, mitten auf der Insel steht ein Telegrafenmast, Gepäck kann man mit der Schubkarre transportieren. Bequem ist das nicht und auch nicht wirklich hübsch. Und doch ist Lühesand etwas ganz Besonderes.

Die meisten Besucher sind Stammgäste, einige sind schon in dritter Generation Lühesander, die der Inselvirus erwischt hat. Sie kommen im Frühjahr mit dem Campingwagen und bleiben den ganzen Sommer, für sie ist das Inselchen der verlängerte Vorgarten, die Balkonerweiterung. Viele haben ganze Kindheitssommer hier verbracht, kennen einander und jeden Stein. Aber auch Tagesgäste, die mit einem Zelt unter dem Arm anreisen, werden freundlich eingenordet. Was sie alle auf die Insel zieht? Luxus sicher nicht, jedenfalls nicht, wenn man den in Komfort misst. Strom fließt keiner und der Weg zum Klohäuschen ist weit. Aber es gibt Ruhe, Zeit füreinander, Gemeinschaft. Treffpunkt ist das Restaurant in der Inselmitte, das einzige Haus. Dort haben schon Generationen zusammen gefeiert: Geburtstage, Wiedersehen, den Sommer.

Ein Hobby haben alle gemeinsam: Pötte gucken. Nirgendwo geht das so gut wie hier, sagen die Stammgäste. Oft ziehen dicke Ozeanriesen vorbei, so nah, dass schon mal eine Welle bis an den Campingwagen schwappt und man fast die Augenfarbe des Kapitäns erkennen kann. Und irgendetwas passiert mit der Zeit, wenn man die Insel betritt. Sie verlangsamt sich, vielleicht geht sie sogar rückwärts? Das spürt man, wenn man nachts aus dem Zelt kriecht, Grilldunst und Gelächter liegen in der Luft, ein Kahn tutet. Barfuß mit der Taschenlampe stolpert man durch den Sand, und plötzlich ist es da – dieses pfadfinderhafte Glücksgefühl vom Urlaub aus Kindertagen.

An den Tagen der ersten Überfahrten im Frühjahr lohnt ein Besuch an der Anlegestelle. Die Camper feiern fröhlich den Beginn der Saison – und sogar Kühe werden auf die Fähre geladen, um den Sommer bei saftigem Gras auf der Insel zu verbringen.

Quellenangaben

Beitrag 2:
Holz, Arno: »Phantasus. 1. Heft«. Berlin 1898.

Beitrag 65:
Schmidt, Arno: »Trommler beim Zaren«, 1959. BA, I, 4, 129
Schmidt, Arno: »Kühe in Halbtrauer«, 1961. BA, I, 3, 337
Schmidt, Arno: »MÜLLER oder vom Gehirntier«, 1949. BA II, 2, 244
Schmidt, Arno: »Die Gelehrtenrepublik«, 1957. BA, I, 2, 305
Schmidt, Arno: »Abend mit Goldrand«, 1975. BA IV, 3, 188

Beitrag 75:
Tucholsky, Kurt: »Schloß Gripsholm. Eine Sommergeschichte.« Berlin 1931.

WEITERE LIEFERBARE Lieblings-plätze

ISBN 978-3-8392-0044-5

ISBN 978-3-8392-2730-5

ISBN 978-3-8392-2613-1

ISBN 978-3-8392-2837-1

ISBN 978-3-8392-2616-2

ISBN 978-3-8392-2632-2

ISBN 978-3-8392-2733-6

ISBN 978-3-8392-2731-2

ISBN 978-3-8392-2732-9

ISBN 978-3-8392-2628-5

ISBN 978-3-8392-2621-6

ISBN 978-3-8392-2885-2

ISBN 978-3-8392-2625-4

ISBN 978-3-8392-2838-8

ISBN 978-3-8392-2630-8

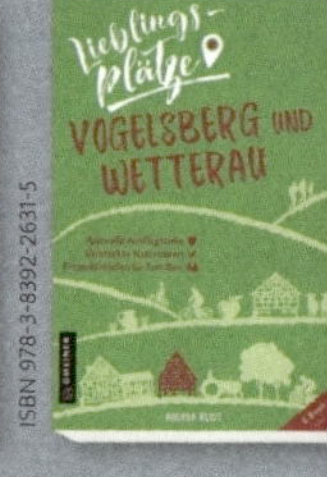

ISBN 978-3-8392-2631-5

ISBN 978-3-8392-2928-5

ISBN 978-3-8392-2929-3

ISBN 978-3-8392-2932-3

ISBN 978-3-8392-2931-6

ISBN 978-3-8392-2925-5

ISBN 978-3-8392-2619-3

ISBN 978-3-8392-2618-6

ISBN 978-3-8392-2615-5

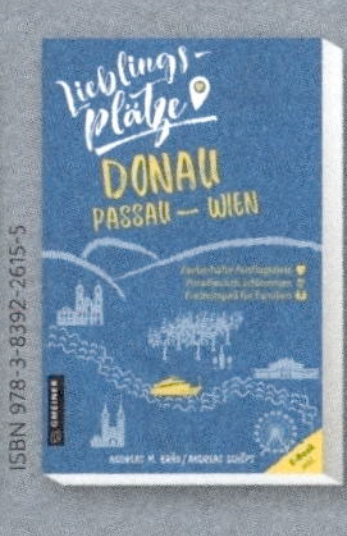

ISBN 978-3-8392-2629-2

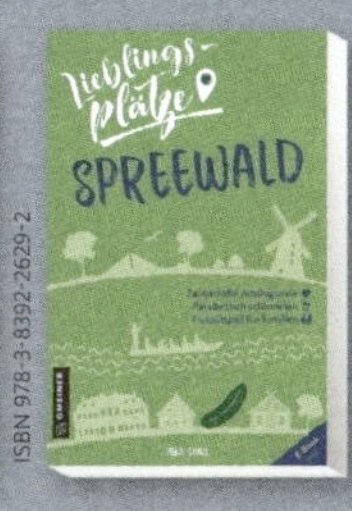

ISBN 978-3-8392-2627-8

ISBN 978-3-8392-2617-9

ISBN 978-3-8392-2635-3

ISBN 978-3-8392-2633-9

ISBN 978-3-8392-2405-2

ISBN 978-3-8392-2614-8

ISBN 978-3-8392-2839-5

ISBN 978-3-8392-2624-7

ISBN 978-3-8392-2611-7

ISBN 978-3-8392-2545-5

ISBN 978-3-8392-2620-9

ISBN 978-3-8392-2634-6

ISBN 978-3-8392-2927-9

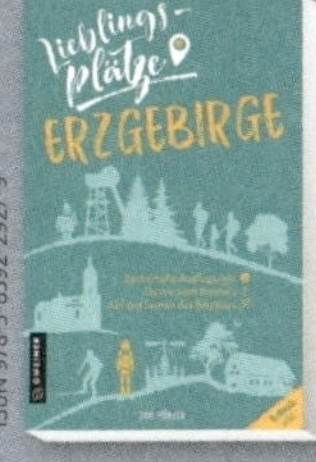

ISBN 978-3-8392-2926-2

ISBN 978-3-8392-2924-8

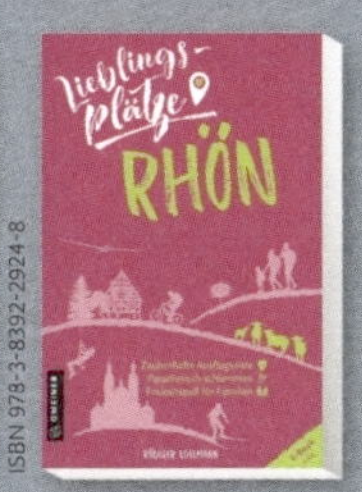

ISBN 978-3-8392-0043-8

Lieblings-
plätze
zwischen NORD-
und OSTSEE
Zauberhafte Ausflugsziele
Paradiesisch schlemmen
Freizeitspaß für Familien
GMEINER
REINHARD PELTE / MORITZ PELTE
E-Book inkl.